"十四五"职业教育国家规划教材

U0876090

新能源汽车维护

河南省教育科学规划与评估院　编

中原出版传媒集团
中原传媒股份公司

大象出版社
·郑州·

图书在版编目（CIP）数据

新能源汽车维护 / 河南省教育科学规划与评估院编. —郑州 ：大象出版社，2023. 10（2026. 1 重印）
ISBN 978-7-5711-1896-9

Ⅰ. ①新… Ⅱ. ①河… Ⅲ. ①新能源-汽车-车辆修理-中等专业学校-教材②新能源-汽车-车辆保养-中等专业学校-教材 Ⅳ. ①U469. 7

中国国家版本馆 CIP 数据核字（2023）第 201259 号

新能源汽车维护
XINNENGYUAN QICHE WEIHU
河南省教育科学规划与评估院　编

出 版 人　汪林中
责任编辑　侯金芳　程田田
责任校对　耿新超
装帧设计　付锬锬

出版发行　大象出版社（郑州市郑东新区祥盛街 27 号　邮政编码 450016）
　　　　　发行科　0371-63863505　总编室　0371-65597936
网　　址　www. daxiang. cn
印　　刷　河南文华印务有限公司
经　　销　各地新华书店经销
开　　本　787 mm×1092 mm　1/16
印　　张　9. 5
字　　数　186 千字
版　　次　2023 年 10 月第 1 版　2026 年 1 月第 3 次印刷
定　　价　38. 80 元

印厂地址　新乡市获嘉县亢村镇工业园
邮政编码　453800　　电话　0373-5969992　5961789

中等职业教育校企“双元”育人精品教材出版说明

为了深入贯彻落实《国家职业教育改革实施方案》《职业院校教材管理办法》文件精神，推进“岗课赛证”融通综合育人模式改革，提升新能源汽车运用与维修专业人才培养质量，我们在深入行业、企业、职业院校调研、论证的基础上，吸收各院校产教融合优秀成果，编写了这套新能源汽车校企“双元”育人精品教材。

这套教材的特点主要体现在：一是精准助力“1+X”证书制度试点工作，实现专业课程内容与职业标准对接，学历证书与职业技能等级证书对接；二是注重与企业的联系，将“新技术、新知识、新工艺、新方法”及时编入教材，使教材内容更具有前瞻性、针对性和实用性；三是体现技术技能型人才培养规律，把职业岗位需要的技能、知识、素质有机地整合到一起，真正实现教材由以知识体系为主向以技能体系为主的跨越；四是教学过程对接生产过程，充分体现“做中学，做中教”“做、学、教一体化”的职业教育教学特色；五是以配套工作页、练习册作为教材的延伸和补充，力求三位一体，更加有效地帮助学生夯实基础、锤炼技能。我们力争通过本套教材的出版和使用，为全面推行“产教融合、校企合作、工学结合”人才培养模式提供教材保障，为深入推进职业教育高质量发展做出贡献。

在这套校企“双元”育人精品教材编写过程中，校企双方编写人员力求体现校企合作精神，努力将教材高质量地呈现给广大师生。但由于教材编写属于创新性的工作，书中难免会存在不足之处，为进一步提高本教材的质量，欢迎广大读者和专家对我们的工作提出宝贵意见和建议。

河南省教育科学规划与评估院

2023 年 9 月

前 言

《新能源汽车产业发展规划（2021—2035 年）》指出，发展新能源汽车是我国从汽车大国迈向汽车强国的必由之路，是应对气候变化、推动绿色发展的战略举措。中国汽车产业正在迈向现代化新征程，进入电动化、智能化、低碳化全面升级新阶段，已形成高质量的发展格局。随着新能源汽车产业的蓬勃发展，相关企业对人才的需求日趋旺盛，也为新能源汽车运用与维修专业的发展带来了良好的机遇。

为促进专业建设，深化产教融合，推进校企“双元”育人，我们依据新能源汽车维修行业的技能要求和岗位需求编写了本教材。本教材坚持立德树人，将思政元素与专业知识相结合巧妙融入教材内容，是理论与实践结合的新形态教材，是中等职业学校交通运输类新能源汽车运用与维修专业的核心课教材。

在编写过程中，为全面落实《国家职业教育改革实施方案》的相关要求，我们组织了包括河南省高层次人才中原教学名师、全国职业院校新能源汽车维修技能大赛项目裁判及辅导教师、河南省职业教育汽车专业教师教学创新团队核心成员、汽车维修企业技术骨干等编者进行深入探讨。在内容上，以解决新能源汽车维护中的实际案例为纽带，结合国家级、省级新能源汽车维修技能大赛项目对相关知识、技能的考查特点，根据新能源汽车运用与维修专业教学标准，同时参考企业相关岗位技能标准、汽修工职业资格标准和“1+X”证书制度的要求进行编写。在编写体例上，采用项目式教学，任务驱动，突出职业教育“做中学，做中教”的理念。本书作为纸数融合产品，配套有丰富的教学资源，包括工作页、练习册等同步辅助学习用书，以及微课视频、仿真实训、教学课件等数字资源。

本教材的创新特色如下：

1. 按照新能源汽车运用与维修专业最新课程标准，以塑造工匠精神、传递劳动知识、传授专业技能为目的，认真落实“立德树人”根本任务，系统提升受教育者的综合职业能力和劳动素养。

2. 精准推进“1+X”证书制度工作实施，实现专业课程内容与职业标准对接，学历证书与职业技能等级证书对接，更好地实施“书证融合，课证融通”，全面落实“育训结合”。

3. 项目引领，任务驱动。本教材按照新能源汽车维护作业的特点设置成若干项目和任务，让学生在真实工作项目和任务的引领下，通过小组合作或者教师讲授获取最直接的理论知识，每个任务基本按照作业案例、知识准备、任务实施、案例分析、超级链接五个环节进行编写。

4. 本教材紧密结合国家级、省级新能源汽车维修技能大赛项目对相关知识、技能的考查特点，将比赛用车作为任务实施的车辆，能够有效提升师生的竞赛水平。

本教材由河南省理工中等专业学校付亦凡、郑延武担任主编，河南威佳源通汽车销售服务有限公司王正、河南省理工中等专业学校杨胜义担任副主编，付亦凡负责教材整体审核工作及部分项目编写，郑延武负责规范完善各项目“任务实施”环节及部分项目编写，王正负责新能源汽车维护标准作业流程实训操作指导工作，河南省理工中等专业学校齐深华负责“任务实施”环节场地布置及技术支持。具体编写分工：河南省理工中等专业学校付亦凡、河南省商务中等职业学校李永强负责项目 1；河南省理工中等专业学校郑延武、郑州市国防科技学校刘云鹏负责项目 2；河南省理工中等专业学校王松虎负责项目 3 任务 1；河南省理工中等专业学校杨胜义负责项目 3 任务 2；河南省理工中等专业学校付亦凡、郑州鑫诺商贸有限公司葛清辉负责项目 3 任务 3；河南省理工中等专业学校刘真负责项目 3 任务 4；河南省理工中等专业学校马驰负责项目 3 任务 5。

由于时间仓促、编者水平有限，书中难免有疏漏和不足之处，恳请使用本教材的师生和广大读者批评指正。

课件

编者

目 录

项目 1　新能源汽车维护前期准备 …………………… 001

任务 1　新能源汽车维护制度及分类 …………………… 003

任务 2　新能源汽车维护作业前准备 …………………… 010

任务 3　新能源汽车高压安全防护 …………………… 029

项目 2　新能源汽车定期维护 …………………… 032

任务 1　新能源汽车日常维护 …………………… 033

任务 2　新能源汽车一级维护 …………………… 040

项目 3　新能源汽车二级维护 …………………… 053

任务 1　车辆顶起位置一作业维护 …………………… 054

任务 2　车辆顶起位置二作业维护 …………………… 080

任务 3　车辆顶起位置三作业维护 …………………… 107

任务 4　车辆顶起位置四作业维护 …………………… 128

任务 5　车辆顶起位置五作业维护 …………………… 132

附录 …………………… 139

项目 1 新能源汽车维护前期准备

新能源汽车维护前期准备

项目概述

随着新能源汽车的日益普及,人们对新能源汽车的安全性和舒适性提出了更高要求,能按照保养手册对新能源汽车进行正确的定期维护也越来越重要。但正确的维护需要建立在对新能源汽车的使用有基本认知的基础之上,只有了解了新能源汽车的基本知识,才能为后期维护打下坚实的基础。本项目以吉利帝豪 EV450 轿车为例,介绍新能源汽车维护前期准备工作的基本知识。

新能源汽车维护前期准备是汽车维护的基础内容,汽车维护是为保持汽车良好的技术状况和工作性能而进行的作业,"预防为主,定期维护"是汽车维护的基本原则。而掌握汽车维护前期准备内容是汽车维护作业的基本要求。汽车维护的主要工作包括清洁、检查、润滑、紧固和调整等。本项目包含 3 个任务,即新能源汽车维护制度及分类、新能源汽车维护作业前准备、新能源汽车高压安全防护。

通过本项目的学习,需要学生熟悉汽车维护的制度及分类,能够规范熟练使用汽车维护常用工量具和设备;掌握维修作业中各类举升机的安全操作注意事项及举升机的正确使用方法;掌握汽车维护作业中常用的检测设备规范操作方法和流程;具备汽车维护人员的素养及掌握高压安全防护要求;等等。

学习目标

知识目标：

1. 了解和掌握新能源汽车维护作业安全规范及作业场所的安全标准。
2. 了解和掌握高压安全及防护要素。
3. 了解和掌握新能源汽车高压安全防护设备功能及使用规范。
4. 了解汽车维护的意义，熟悉汽车维护的制度及分类。
5. 了解和掌握工量具的使用方法。
6. 了解和掌握常用设备的功能和使用方法。

技能目标：

1. 能够正确使用常用手动工具。
2. 能够正确选用合适的套筒及加长杆。
3. 会使用冲击式气动扳手拆装轮胎螺栓。
4. 能够正确使用游标卡尺、千分尺进行测量。
5. 会正确使用冰点仪测量防冻液、玻璃水冰点。
6. 能够正确使用万用表测量电压、电流、电阻等。
7. 能够正确使用胎压表。
8. 能够正确对维护车辆进行读取、清除故障码。
9. 能够正确使用随车千斤顶等。

素养目标：

1. 通过本项目学习，能够养成规范意识，培养精益求精的工匠精神。

2. 通过本项目学习，小组成员会检查并规范使用防护用品及维护作业设备，有安全意识，能够规范完成本项目。

3. 通过本项目学习，实现小组成员合理分工共同协作完成工作任务，培养团队合作意识。

任务 1　新能源汽车维护制度及分类

作业案例

王先生的吉利帝豪 EV450 轿车在行驶过程中,仪表上有个指示灯点亮。他查看随车用户使用手册后了解到,点亮的指示灯是保养提示灯,这意味着车辆需要到 4S 店进行定期维护。在 4S 店,技师依据标准操作流程对该车进行了维护。王先生想进一步了解:保养提示灯在什么情况下会点亮?汽车定期维护的意义是什么?汽车日常维护有哪些类型?

知识准备

学习资料 1　新能源汽车定期维护的意义

定期维护是用户按照汽车一定的行驶间隔里程或使用间隔时间,定期到授权服务站对汽车进行检查和维护。定期维护包括清洁、检查、调整及更换汽车油、液等项目。

汽车由大量的零部件构成,在使用过程中,各零部件因磨损、老化或腐蚀导致汽车性能降低。汽车的技术性能随着行驶里程的增加以及各种环境因素的影响而发生变化,导致其动力性、经济性和可靠性逐渐变差,各易损、易耗件需要更换或补充,有些损耗和早期故障在使用过程中不容易被发现和检查到。用户通过定期到服务站,按标准的规范对汽车进行维护和检查,可以及时更换易损、易耗件,发现和消除早期的故障隐患,防止故障的发生或损耗扩大,恢复汽车的性能指标,提高汽车的完好率,有效地延长汽车的使用寿命。

学习资料 2　新能源汽车维护制度

新能源汽车源于传统燃油汽车又优于传统燃油汽车。大量新能源汽车投入市场,对维修企业提出新的挑战。目前,行业管理部门对新能源汽车维修企业没有另行规定准入条件,因此,在维修技术、设施设备、维修场地、管理制度等方面还不适应新能源汽车维护、维修要求,在工作中还存在大量的安全隐患。为规范新能源汽车维修企业的经营行为,上海市汽车维修行业协会于 2018 年 3 月成立了新能源汽车维修专业委员会,组织有关专家制定了《新能源汽车维护技术标准》(试行)。

《新能源汽车维护技术标准》(试行)规定了新能源汽车日常维护、一级维护、二级维护的周期、作业内容和技术要求,适用于纯电动汽车和混合动力汽车的电动部分。

1. **维护分类**

电动汽车保养周期根据营运及非营运电动汽车的使用频率进行区分,具体如表 1-1-1 所示:

表 1-1-1　电动汽车保养周期

<table>
<tr><th>序号</th><th>维修类别</th><th>营运电动汽车</th><th>非营运电动汽车</th><th>技师技能要求</th></tr>
<tr><td>1</td><td>日常维护</td><td>每个营运工作日</td><td>—</td><td>三类技能</td></tr>
<tr><td>2</td><td>一级维护</td><td>5000~10000 千米或者 1 个月</td><td>5000~10000 千米或者 6 个月</td><td>二类技能</td></tr>
<tr><td>3</td><td>二级维护</td><td>20000~30000 千米或者 6 个月</td><td>20000~30000 千米或者 1 年</td><td>三类技能</td></tr>
<tr><td>4</td><td>诊断维修</td><td colspan="2">更换高压系统总成部件(如控制模块、高压空调压缩机等)
维修仅限于蓄电池内独立部件更换(如高压蓄电池单元格)
高压系统部件外观损坏、变形严禁维修更换,应报备给相应主机厂</td><td>二类技能</td></tr>
<tr><td colspan="5">* 维护作业间隔里程/时间,以先到者为准</td></tr>
</table>

2. **日常维护**

以清洁、调整和安全检查为主要作业内容的车辆维护作业,如表 1-1-2 所示:

表 1-1-2　车辆维护作业

<table>
<tr><th>序号</th><th>日常维护</th><th>常规系统</th><th>电动系统</th><th>备注</th></tr>
<tr><td>1</td><td>清洁</td><td>车身(车窗等)</td><td>高压部件相关风冷过滤网</td><td rowspan="3">如有采用压缩空气吹扫或使用工业级吸尘器除尘</td></tr>
<tr><td rowspan="2">2</td><td rowspan="2">调整</td><td>常规工作介质(油、水、电、胎压等)</td><td>高压工作介质(制冷剂、冷却液、高压蓄电池电量等)</td></tr>
<tr><td>运动部件润滑(如门窗铰链)</td><td>电动转向系统零部件润滑</td></tr>
<tr><td rowspan="3">3</td><td rowspan="3">安检</td><td>底盘(制动、传动、悬挂、转向等)</td><td>驱动电机及控制器工作状态检查</td><td>任何高压警示,立即停用处理!(警示灯见《电动汽车常见图标》,未注项目参照产品使用说明)</td></tr>
<tr><td>电气(灯光、照明、信号等)</td><td>仪表指示灯检视</td><td></td></tr>
<tr><td>电动机运转状态</td><td>动力电池、电动辅助系统</td><td></td></tr>
</table>

3. 一级维护

常规系统一级维护同传统燃油汽车。

高压系统一级维护以清洁、润滑、紧固、调整和仪器检测为主的维护作业，应由二级技能技师执行。高压系统一级维护项目及要求如表1-1-3所示：

表1-1-3 高压系统一级维护项目及要求

<table>
<tr><th>序号</th><th colspan="2">作业项目</th><th>作业内容</th><th>技术要求</th></tr>
<tr><td rowspan="2">1</td><td rowspan="2">驱动电机</td><td>驱动电机冷却液的液位和浓度检查</td><td>检查驱动电机冷却液的液位和浓度，必要时添加冷却液和校准冷却液冰点</td><td>液位在指示刻度范围内，冰点根据厂家规定的要求操作校准</td></tr>
<tr><td>驱动电机安装支架</td><td>目视检查驱动电机外观与安装支架</td><td>驱动电机外观无裂纹无破损，安装支架无歪斜开裂等故障现象，支架固定螺栓扭矩符合出厂标准</td></tr>
<tr><td rowspan="6">2</td><td rowspan="6">动力电池</td><td>动力电池系统（设备）冷却风道滤网</td><td>拆卸、清洁、检查滤网</td><td>清除积尘，如有损坏或达到产品说明书要求更换条件的，更换滤网</td></tr>
<tr><td>动力电池系统状态</td><td>用专用动力电池维护设备（或外接充电）对单体电池一致性进行维护</td><td>动力电池系统中电池单体一致性应满足产品技术要求</td></tr>
<tr><td>动力电池系统SOC值校准</td><td>采用动力电池专用诊断设备（或外接充电）对系统SOC值校准</td><td>系统SOC误差值小于8%</td></tr>
<tr><td>动力电池安装</td><td>目视检查动力电池外观与安装支架</td><td>动力电池外观无裂纹无破损，安装支架无歪斜开裂等故障现象，支架固定螺栓扭矩符合出厂标准</td></tr>
<tr><td>外接充电互锁</td><td>外接充电检查</td><td>当车辆与外部电路（例如：电网、外部充电器）连接时，不能通过其自身的驱动系统使车辆移动</td></tr>
<tr><td>维修开关</td><td>手动检查维修开关</td><td>确保可靠安装并清理表面灰尘</td></tr>
</table>

续表

序号	作业项目		作业内容	技术要求
3	高压控制系统	整车高压系统故障检查	用专用诊断仪检查车辆高压系统是否报故障，并对故障实施解除相关作业	高压系统无故障
		高压线束连接器紧固检查	目视检查、紧固	连接器接触面无过热、烧蚀等现象，紧固扭矩满足技术要求
		高压绝缘状态	使用绝缘表(500 V)检测高压系统输入、输出与车体之间的绝缘电阻	绝缘电阻≥5 MΩ
		绝缘防护完整性	目视检查	高压线束绝缘防护层完整，无老化、破损。设备绝缘机脚无老化、破损、异常变形
		高压系统紧固检查	目视检查、紧固	对高压箱、电机控制器等外挂式的高压系统部件检查固定扭矩满足技术要求
4	高压附件系统	电动空压机油面	目视检查	在刻度指示范围内
		电动真空助力器	目视检查、紧固	各管路、接口不漏气
		电动空压机安装紧固检查	目视检查、紧固	符合紧固扭力要求
		电动空压机传动结构紧固检查	目视检查、紧固	符合紧固扭力要求
		电动空压机卸荷功能检查	启动电动空压机工作，加压完成、停止工作后，系统自动卸荷	卸荷正常、无异常延时或关闭后漏气等情况
		电动转向泵安装紧固检查	目视检查、紧固	符合紧固扭力要求
		充电系统(DC/DC)	功能检查、紧固	对低压蓄电池充电电压符合出厂标准
		电动空调压缩机状态检查	功能检查、紧固	空调制冷性能符合出厂标准，紧固扭矩符合出厂要求
		电加热暖气系统	功能检查、紧固	暖气制热性能符合出厂标准，紧固扭矩符合出厂要求

4. 二级维护

常规系统二级维护同传统燃油汽车。

高压系统二级维护基本作业项目、要求及方法如表 1-1-4 所示：

表 1-1-4　高压系统二级维护基本作业项目、要求及方法

序号	项目	要求	方法
1	驱动电机工作状态	仪表未报驱动电机故障	行驶过程中目视检查
2	发电机工作状态	仪表未报发电机故障	行驶过程中目视检查
3	动力电池工作状态	仪表未报动力电池故障	行驶过程中目视检查
4	外接充电状态 *	充电过程中无异常断电，充满电后，系统应自动终止	外接充电检视
5	电动转向工作状态	转向轻便、自如、无中断	行驶过程中检查
6	电动空压机工作状态	仪表指示制动气压在规定范围	行驶过程中目视检查
7	DC/DC 变换器工作状态	仪表指示低压系统电压在规定范围	行驶过程中目视检查
8	电动真空助力器工作状态	制动助力正常	行驶过程中检查
9	电动空调工作状态	空调制冷有效	功能检查
10	暖气制热工作状态	暖气制热有效	功能检查

注：带“ * ”的项目适用于有外接充电插口的车辆。

5. 过程检验

二级维护作业过程中，维护节点由检验员进行检验并签字确认，过程检验项目的技术要求应满足说明书的要求，如果说明书不明确，则以国家标准、行业标准及地方标准相关要求为准。

6. 竣工检验

电动汽车在完成常规系统、高压系统二级维护后，均应进行竣工检验。竣工检验时各项目参数应符合产品使用说明书，如果使用说明书不明确时，应以国家标准、行业标准及地方标准为准。竣工检验不合格的车辆应进行进一步的检验、诊断和维护，直到达到维护竣工技术要求为止。竣工检验标准如表 1-1-5 所示：

表 1-1-5 竣工检验标准

序号	检测部位	检测项目	技术要求
1	驱动电机及控制器	转速	符合原厂出厂标准
		正常工作	专用诊断仪无指示电机故障
2	动力电池系统	总电压	符合原厂出厂标准
		外接充电状态	使用直流充电机外接充电时,无充电中断现象,充电 SOC 显示 100%,系统应自动终止充电
		电池工作状态	正常,专用诊断仪检查,无动力电池故障指示
		电池通风工作状态	正常
		高压配电箱中各电器件状态	电器件安装牢固、无烧蚀或损坏
		动力电池绝缘	绝缘电阻≥550 MΩ
3	高压附件系统	电动转向泵工作状态	转向自如,系统工作正常
		电动空压机工作状态	系统工作正常,整车气压回路压力符合规定
		电动真空助力器工作状态	系统工作正常,制动力符合规定
		DC/AC 逆变器工作状态	符合规定
		DC/DC 直流电源变换器工作状态	符合规定
		电动空调压缩机工作状态	符合规定
		暖气制热系统工作状态	符合规定
		车载充电机工作状态	交流外接充电时,无充电中断现象,充电 SOC 显示 100%,系统应自动终止充电
4	发电机及控制器	工作状态	符合规定
		与转速匹配的发电量	符合规定
5	高压系统绝缘	检查整车高压系统输入、输出端与车体之间的绝缘电阻	绝缘电阻≥5 MΩ

案例分析

案例中王先生的吉利帝豪 EV450 轿车在行驶过程中保养提示灯点亮,意在提醒用户到 4S 店对车辆进行定期维护。到 4S 店后,维修技师依据标准操作流程对该车进行了维护,同时进行了保养提示灯复位作业。王先生和维修技师进一步交流后,了解了汽车定期维护的分类和流程。专业的维护工作应该到 4S 店请专业维修技师完成。

超级链接

新能源汽车维护人员需要持证上岗

进行高电压组件维护工作的人员必须经过相应的培训认证,经过培训认证后的人员成为新能源汽车高电压系统的电气专业人员(高电压工程师),这些人员具备判断高电压系统带来的电气危害且能够确定针对高电压系统的保护措施,能够断开车辆上的高电压并在工作期间保持断开状态。培训认证范围主要取决于前期培训情况和实际经验。一方面,必须通过理论和实际培训认证,证明其具备工作能力和知识;另一方面,他们还必须经过相关车型的具体车辆认证。在我国,每个厂家对于资质认证主要包括以下几个方面:

(1)具备国家安监局颁发的特种作业操作证(低压电工证)。

(2)必须经过厂家新能源车型培训并通过考核。

(3)如果必须进行高电压组件本身的工作则一定要确保整个设备完全断电,只允许经过专门培训的人员(高电压工程师)进行这些工作。

上述操作权限仅指在断电状态下的高电压系统上作业。经销商或受其委托的管理人员必须为企业员工劳动保护负责,安排工作时,必须避免危及员工健康和生命的隐患,这一点儿也适用于在带有高电压组件的车辆上进行作业。负责人必须确保只有满足上述前提条件的员工才能在带有高电压组件的混合动力汽车和纯电动汽车上进行作业。如果需要对高电压组件本身进行作业,必须确保整个系统断电,只允许经过专门培训的人员(经过具体车辆"高电压组件"认证的人员)进行相关作业。因此,只有满足所有前提条件相应证书持有者才有权对相应高电压组件或高电压蓄电池进行维修作业。

任务 2　新能源汽车维护作业前准备

作业案例

王先生在 4S 店对车辆进行维护时发现，工位四周设置隔离带，工位上铺设有橡胶垫。询问技师后了解到，维护新能源汽车要进行一系列准备，橡胶垫是为保护作业人员安全而专门铺设的绝缘垫，属于场地准备的内容。那么场地准备还包括哪些内容？除了场地准备，还需要进行哪些准备呢？

知识准备

学习资料　新能源汽车维护场地及工量具准备

1. 场地准备

新能源汽车涉及高压电系统，对其维护工位有特殊要求，在对新能源汽车进行高压作业时需要有专用的维护工位，保持清洁、干燥、通风良好并配置绝缘救援杆等应急救援工具。维护作业前还需设置安全隔离警示牌，避免无关人员靠近。新能源汽车专用维护工位如图 1-2-1 所示。维护工位配置绝缘救援杆如图 1-2-2 所示。

图 1-2-1　新能源汽车专用维护工位

图 1-2-2　维护工位配置绝缘救援杆

为防止火灾，维护工位可以配备灭火器、消防栓和消防沙。如果新能源汽车着火，可以使用常规的 ABC 干粉灭火器灭火。这种灭火器适用于油或电路等火灾。如果动力电池着火，则推荐使用二氧化碳灭火器；如果火势较大，就要用专业的高压灭火水枪灭火。因为动力电池在火灾中外壳会发生弯曲、变形，如果不用大量的水快速降温，则可能导致动力电池电芯泄漏，会产生大量有毒气体，反而不利于灭火，此时也得注意现场可能引发的漏电和爆炸等情况，所以要在保证人员安全的情况下，减少财产损失。

2. 人员安全防护套装

人员安全防护套装可在维护作业过程中对人员起到安全防护的作用，包括绝缘手套、耐磨手套、护目镜、绝缘安全帽、绝缘鞋等，如图 1-2-3 所示。

图 1-2-3　人员安全防护套装

（1）绝缘手套。绝缘手套全称为高压绝缘手套，通常由天然或合成橡胶制成，其形状为立体手模分指式。每只手套上必须有明显且持久的标记，内容包括：标记符号；使用电压等级/类别；制造单位或商标；制造年份、月份；规格型号、尺寸；周期试验日期栏；

检验合格印章;贴有经试验单位定期试验的合格证。如图 1-2-4 所示。

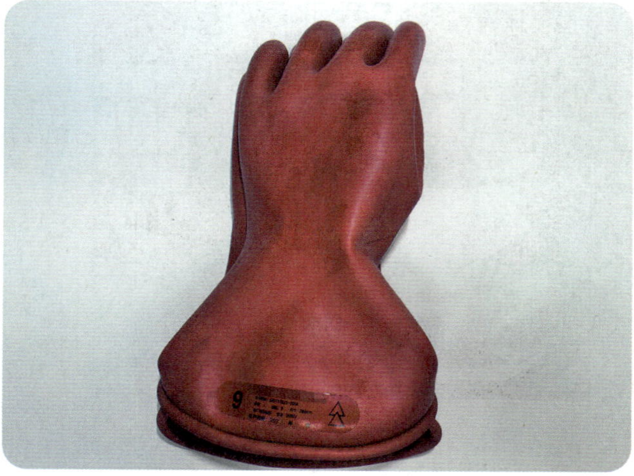

图 1-2-4　绝缘手套

绝缘手套检查方法如下:

①目视检查。在使用绝缘手套之前,技术人员应对每副手套进行仔细检查,查看手套是否存在裂纹、裂缝或褪色之类的物理损坏。

②充气检查。将每副手套袖口处快速卷起,使手套的手指和手掌部分充气鼓起,如图 1-2-5 所示。

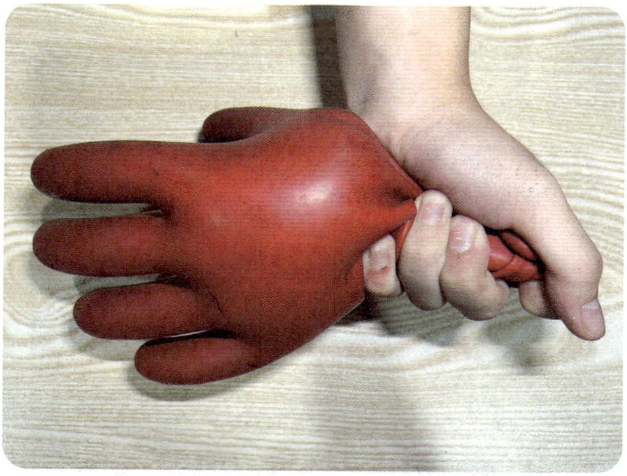

图 1-2-5　检查绝缘手套气密性

③耐压等级检查。检查绝缘手套上的耐压等级。

(2)耐磨手套。耐磨、防滑、防静电,透气舒适,柔韧性强,不易破损。

(3)护目镜。护目镜主要用来保护作业人员的眼部,它可以起到防冲击、防灰尘、防飞屑、防飞溅等作用,主要适用一般场合及化学品处理场合。

目视检查:护目镜在使用前应检查镜面有没有刮花,镜架是否牢固,佩戴是否合适等相关内容。

(4)绝缘安全帽。安全帽主要用来保护作业人员的头部,尤其在车下作业时必须佩戴好绝缘安全帽。

目视检查:绝缘安全帽在使用前主要检查外观有无破损,卡带有无松动脱落,绝缘安全帽的安全防护标志是否齐全有效,佩戴是否合适等相关内容。

(5)绝缘鞋。绝缘鞋可以起到防滑、防砸、防触电、防刺穿等作用。

目视检查:

①检查生产许可证、产品合格证、安全鉴定证。

②同安全帽一样,安全鞋属于国家规定的特种劳动防护用品,应该有“安全防护标识”。

③鞋型:鞋身的宽紧度是否与足部相适应。

④鞋面:以皮料为首选。

⑤鞋帮:整个鞋帮是否贴脚而不打脚,宽松而不脱落,富有弹性。

⑥内垫:是否有缓冲功能、吸汗功能等。

⑦内里:是否选用透气、防水、保暖、环保等材料制作。

⑧鞋底:鞋底的选用应针对地区性及各种环境下使用不同程度配置底材及防滑要求。

3. 常规检测设备工具套装

常规检测设备主要包括万用表、手持示波器、绝缘测试仪、接地电阻测试仪及汽车故障诊断仪等,如图1-2-6所示。

图1-2-6 常规检测设备工具套装

(1)万用表。一般采用钳形数字万用表,它是汽车维护作业中必备的测试工具之一,主要用于测试电压、电流、频率等相关参数,要求其具有较高的测试分辨率、测试精度以及较多的测试功能,如图1-2-7所示。

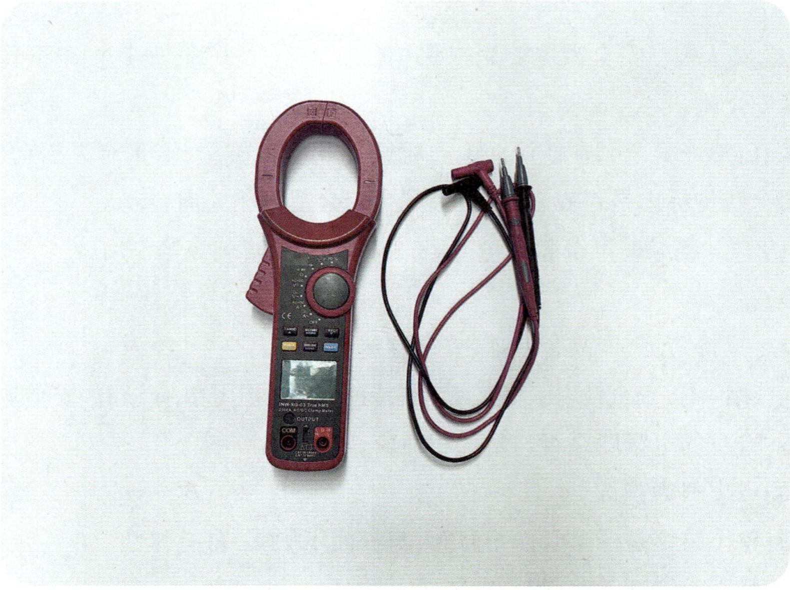

图 1-2-7　钳形万用表

（2）手持示波器。手持示波器是一种便携式、手持式电子测试仪器，用于测量各种电学参数，如电压、电流等，如图 1-2-8 所示。

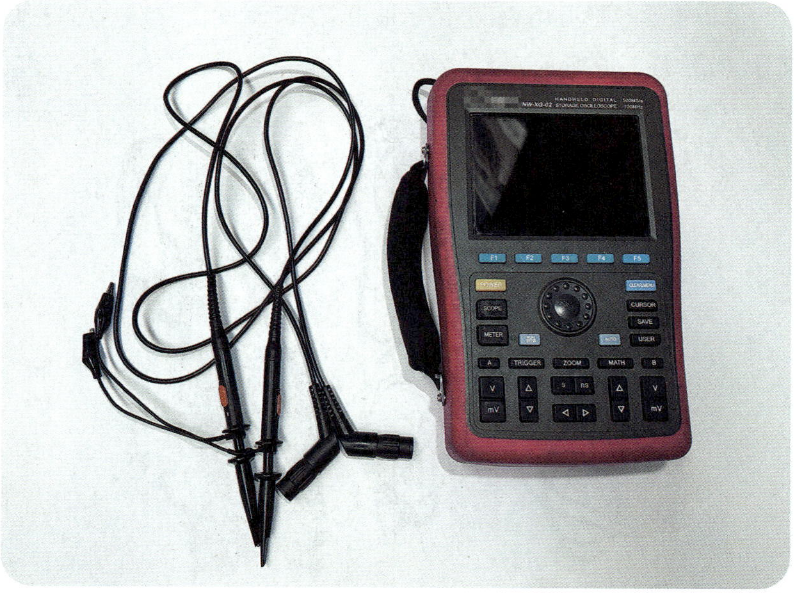

图 1-2-8　手持示波器

（3）绝缘测试仪。绝缘测试仪适于在各种电气设备的保养、维修、试验及鉴定中做绝缘测试，如图 1-2-9 所示。绝缘测试仪在使用前需对外观、表针线束进行目视检查，同时也要对其进行开路和短路性能检查。

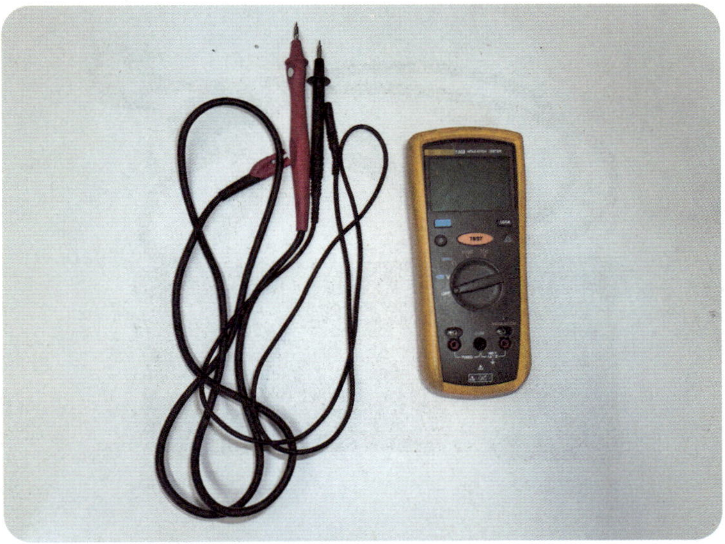

图 1-2-9　绝缘测试仪

(4)接地电阻测试仪。接地电阻测试仪是检验测量接地电阻的常用仪表,它能测试的阻抗从 0.01 Ω 到 2000 Ω,测试的接地电压能达到 100 V。它主要可以精确测量大型接地网接地阻抗、接地电阻、接地电抗,如图 1-2-10 所示。

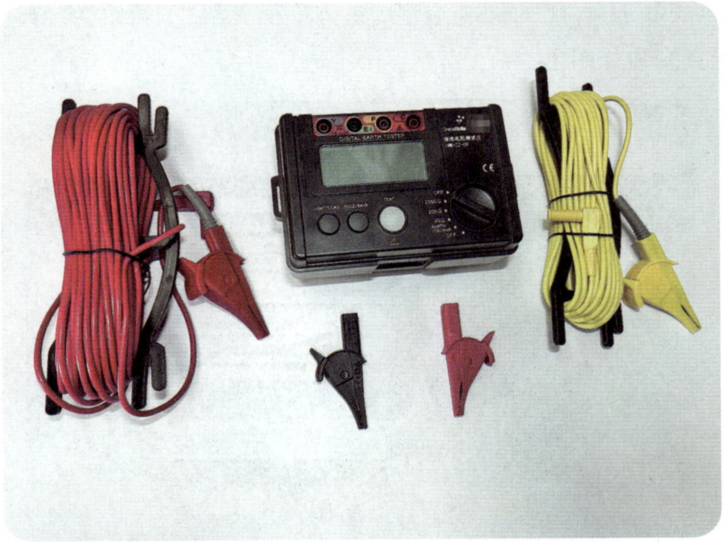

图 1-2-10　接地电阻测试仪

(5)汽车故障诊断仪。汽车故障诊断仪(又称汽车解码器)作为车辆故障自检终端,是用于检测汽车故障的便携式智能汽车故障自检仪,用户可以利用它迅速地读取汽车电控系统中的故障,并通过液晶屏幕显示故障信息及参数,迅速查明发生故障的部位及原因。如图 1-2-11 所示。

图 1-2-11　汽车故障诊断仪

4. 一体化集成工具套装

一体化集成工具套装主要包含 7 抽屉柜形多功能零件手推车、150 件综合组套、手电筒、指针式扭矩扳手、冰点测试仪、胎纹深度尺、预置式扭矩扳手、水管拆装工具、水管堵头、拉拔器、橡皮锤、绝缘开口扳手、绝缘一字批、绝缘十字批、充电电批、压线钳、油封安装工具、轴承安装工具、电工胶布、铲刀、箱体平稳支架、卡簧钳、维修开关放置盒等。一体化集成工具套装如图 1-2-12 所示。

图 1-2-12　一体化集成工具套装

5. 油液回收与加注机及冷却液回收与加注机

(1)油液回收与加注机的检查及使用。油液回收与加注机具有车辆减速器油的定量加注、循环更换油液等功能。使用前应检查内部储液罐油液量、连接管路有无松动泄漏、机器外表面有无破损、供电线束和鳄鱼夹是否完好以及与车辆配套的加注连接器是否配套等相关内容。油液回收与加注机如图 1-2-13 所示。

图 1-2-13　油液回收与加注机

(2)冷却液回收与加注机的检查及使用。冷却液回收与加注机具有车辆冷却液的定量加注、冷却液的回收等功能。使用前应检查内部储液罐冷却液量、连接管路有无泄漏松动,检查机器外表面有无破损、供电线束及鳄鱼夹是否完好等相关内容。冷却液回收与加注机如图 1-2-14 所示。

图 1-2-14　冷却液回收与加注机

任务实施

技能实训　新能源汽车维护作业前准备

新能源汽车维护作业前准备

步骤 1:维护工位检查。

(1)检查维护工位隔离措施是否完善,如图 1-2-15 所示。

图 1-2-15　维护工位

(2)检查维护工位有无高压危险警示牌,如图 1-2-16 所示。

图 1-2-16　高压危险警示牌

(3)检查干粉灭火器、水基灭火器是否在有效期内，压力是否正常，如图 1-2-17、图 1-2-18、图 1-2-19、图 1-2-20 所示。

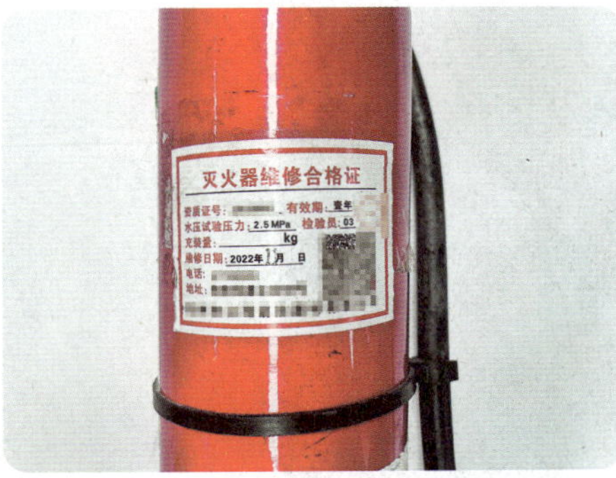

图 1-2-17　干粉灭火器生产日期

图 1-2-18　干粉灭火器压力

图 1-2-19　水基灭火器生产日期

图 1-2-20　水基灭火器压力

(4)检查正常后封闭维护工位。

步骤 2：车辆检查。

(1)环车检查车辆外观，确认有无外伤或划痕，如图 1-2-21 所示。

图 1-2-21　车辆外观检查

（2）检查车辆支撑位置是否合适，是否能够正常举升车辆，如图 1-2-22 所示。

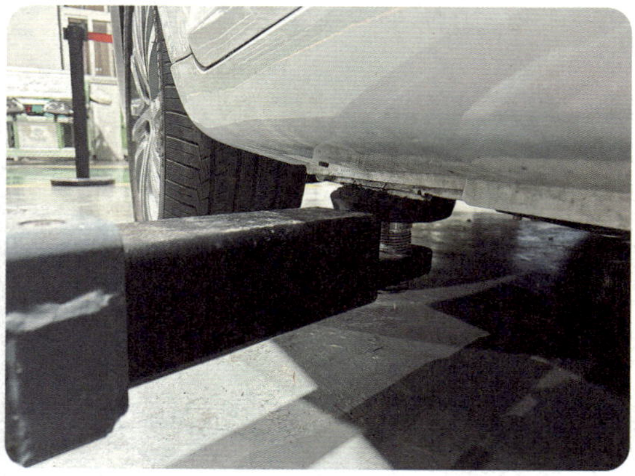

图 1-2-22　举升机支撑位置

（3）检查有无车钥匙，并检查车钥匙的遥控功能是否正常，如图 1-2-23 所示。

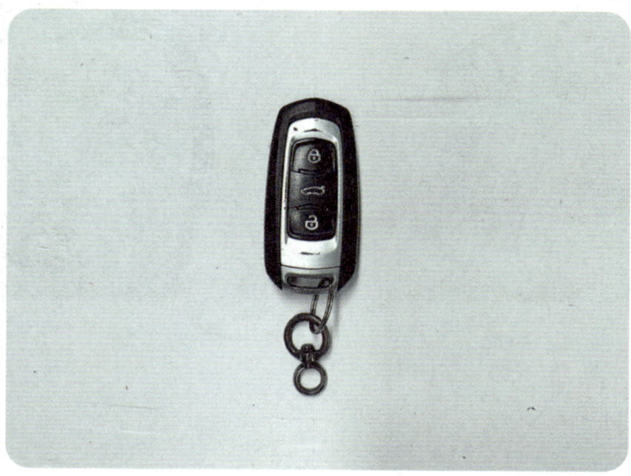

图 1-2-23　车钥匙

步骤 3：工具检查。

（1）检查有无绝缘测试仪、万用表等，如图 1-2-24 所示。

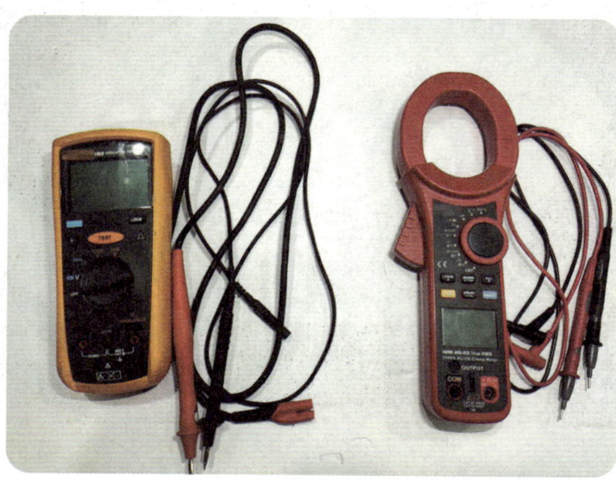

图 1-2-24　绝缘测试仪与万用表

(2)检查有无一体化工量具且工量具是否齐全,如图 1-2-25、图 1-2-26、图 1-2-27、图 1-2-28、图 1-2-29 所示。

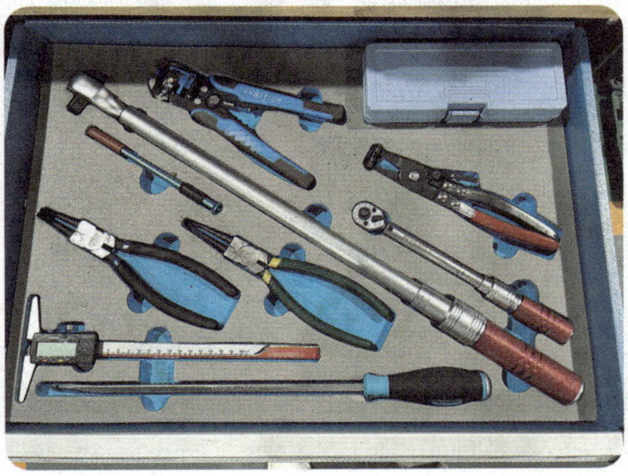

图 1-2-25　一体化工量具一层

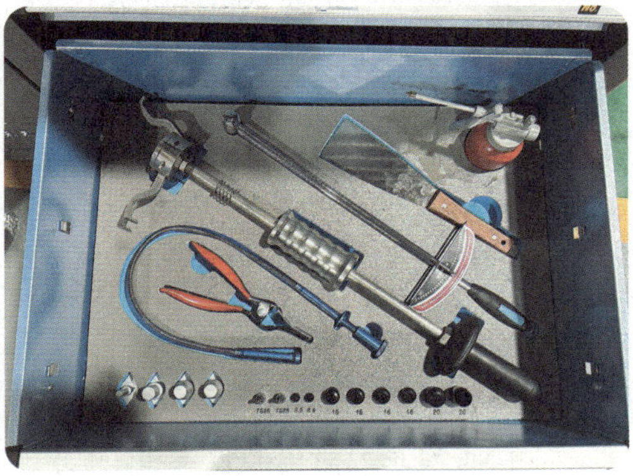

图 1-2-26　一体化工量具二层

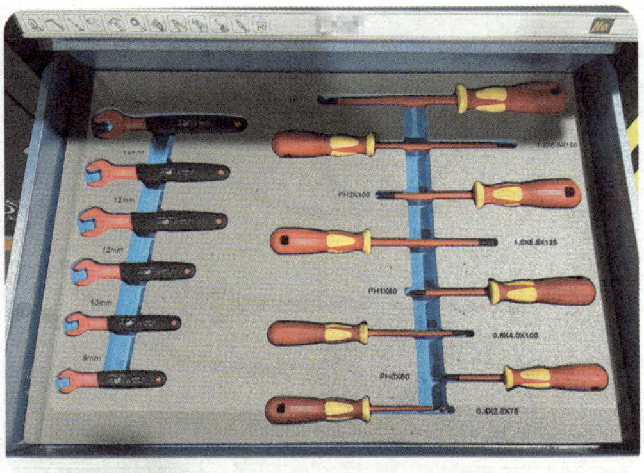

图 1-2-27　一体化工量具三层

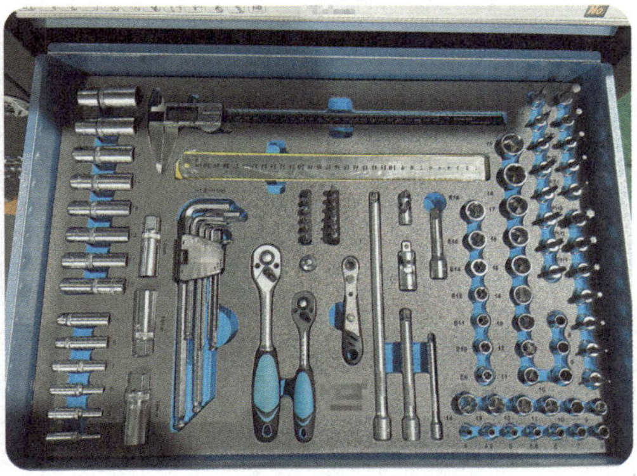

图 1-2-28　一体化工量具四层

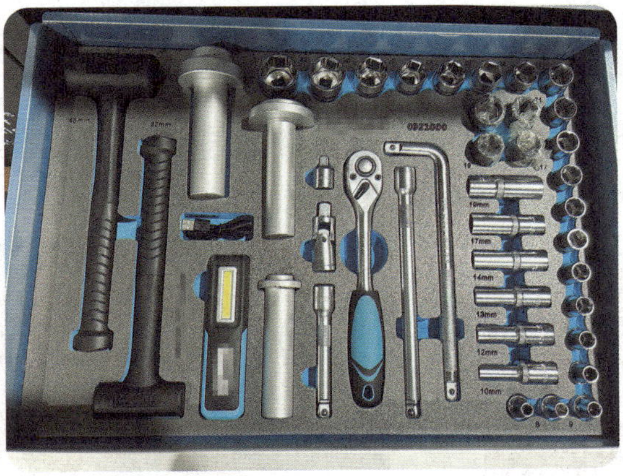

图 1-2-29　一体化工量具五层

(3)检查油液回收与加注机、冷却液回收与加注机有无异常,如图 1-2-30、图 1-2-31 所示。

图 1-2-30　油液回收与加注机

图 1-2-31　冷却液回收与加注机

(4)开机检查汽车故障诊断仪。

①检查汽车故障诊断仪主机、蓝牙连接器外观有无划伤、破损等,如图 1-2-32、图 1-2-33 所示。

图 1-2-32　汽车故障诊断仪主机外观

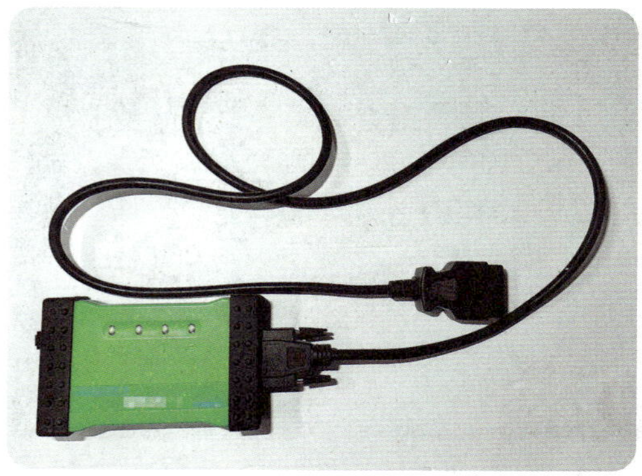

图 1-2-33　汽车故障诊断仪蓝牙连接器

②开机检查是否正常,电量是否充足。

步骤 4:高压防护用品检查。

(1)绝缘安全帽检查(外观检查、合格证检查、帽带检查、调整装置检查并佩戴),如图 1-2-34、图 1-2-35、图 1-2-36、图 1-2-37 所示。

图 1-2-34　绝缘安全帽外观检查

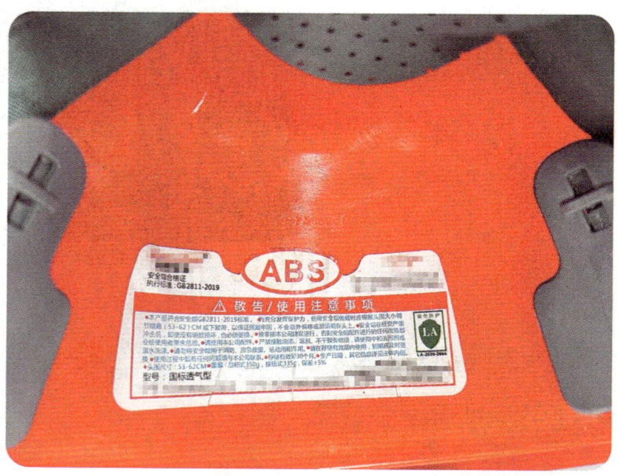

图 1-2-35　绝缘安全帽合格证检查

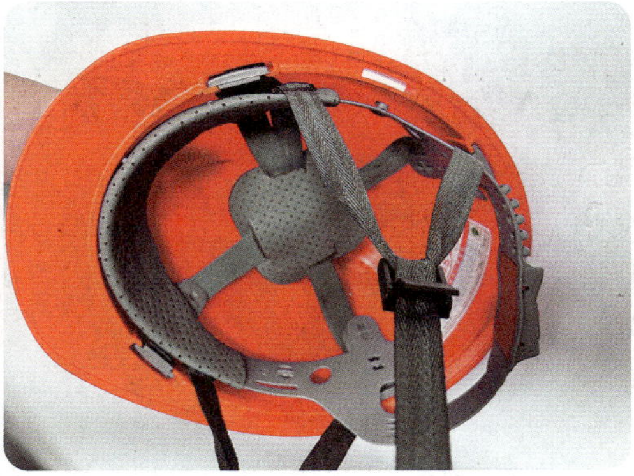

图 1-2-36　绝缘安全帽帽带检查

图 1-2-37　绝缘安全帽调整装置检查

(2)护目镜检查(镜面检查、镜架检查并佩戴),如图 1-2-38、图 1-2-39 所示。

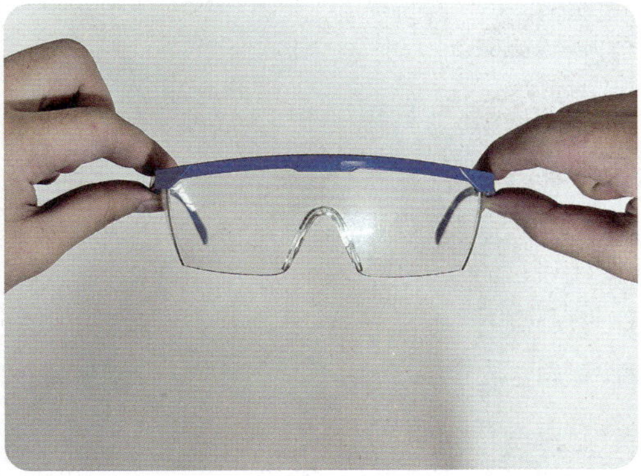

图 1-2-38　护目镜镜面检查

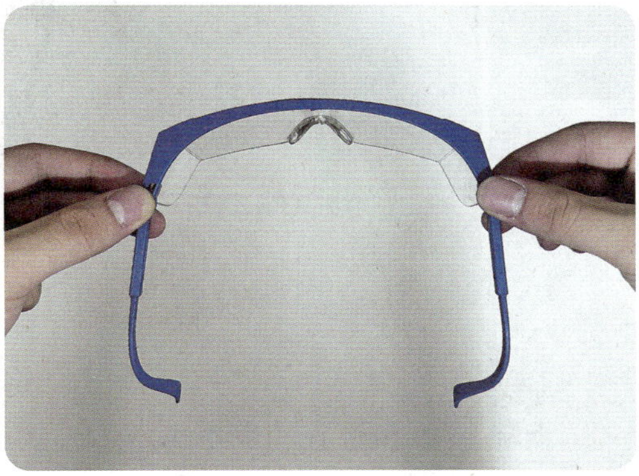

图 1-2-39　护目镜镜架检查

(3)耐磨手套检查(外观检查并佩戴),如图 1-2-40 所示。

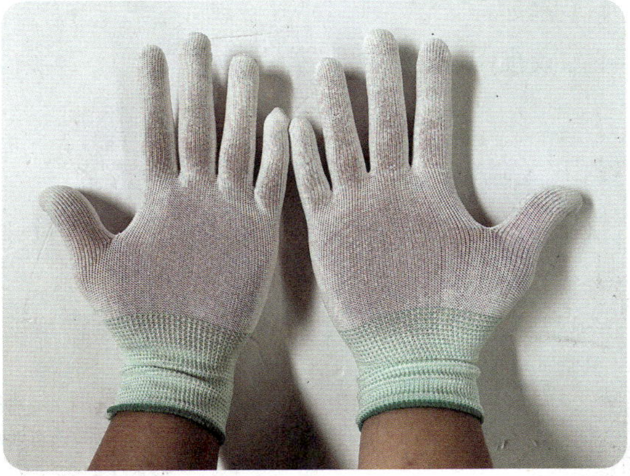

图 1-2-40　耐磨手套

(4)绝缘手套检查(外观检查、耐压等级检查、气密性检查并佩戴),如图 1-2-41、图 1-2-42、图 1-2-43 所示。

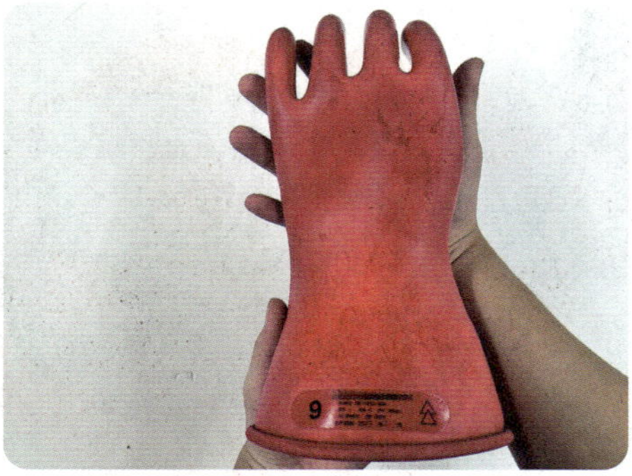

图 1-2-41　绝缘手套外观检查

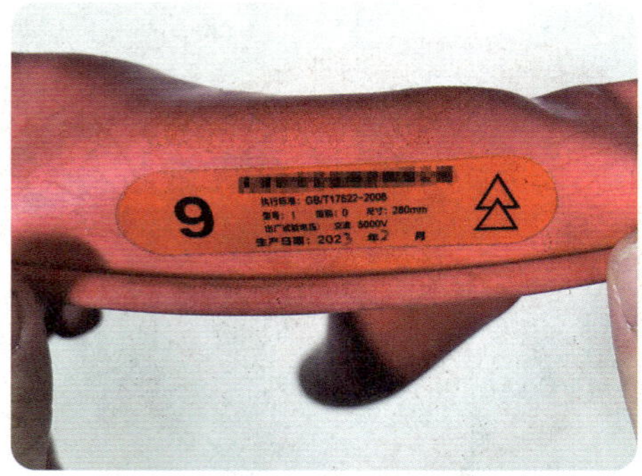

图 1-2-42　绝缘手套耐压等级检查

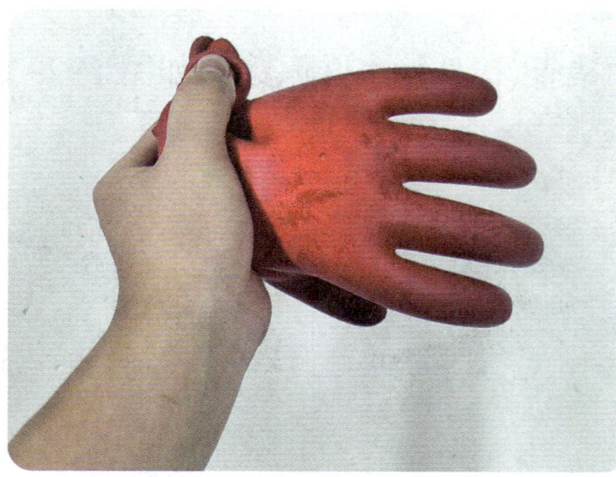

图 1-2-43　绝缘手套气密性检查

步骤 5：仪表检查和校零。

(1)检查数字万用表并校零，如图 1-2-44、图 1-2-45 所示。

外观检查：

①检查外观表面有无破损。

②检查表针线束有无破损、连接是否牢靠。

性能检查：

①开机检查各量程、开关功能键是否正常，显示是否正常。

②校零检查，正负极表针短接测量电阻值显示是否小于 1 Ω。

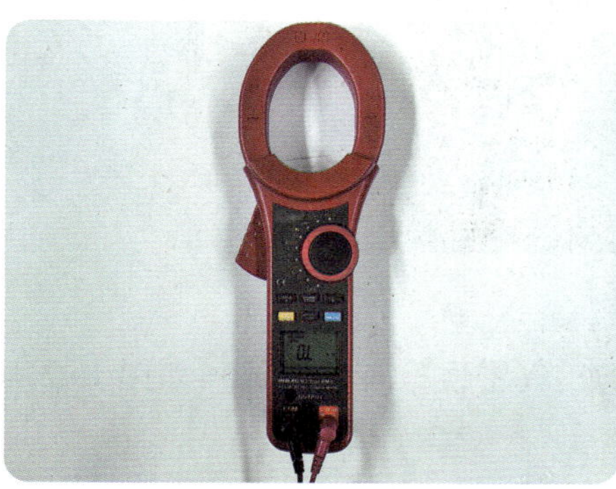

图 1-2-44　万用表外观检查

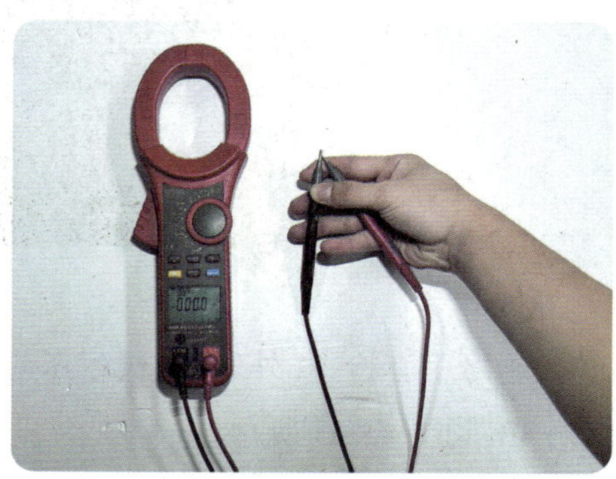

图 1-2-45　万用表校零

（2）检查绝缘测试仪（外观检查、线束检查、开机检查、开路检查、短路检查、绝缘测量），如图 1-2-46、图 1-2-47、图 1-2-48、图 1-2-49、图 1-2-50、图 1-2-51 所示。

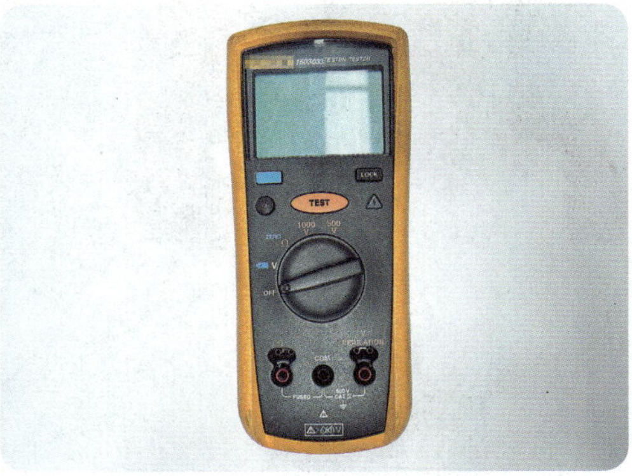

图 1-2-46　绝缘测试仪外观检查

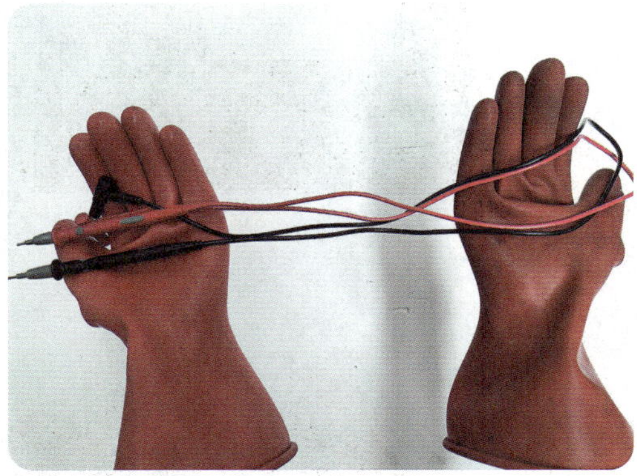

图 1-2-47　绝缘测试仪线束检查

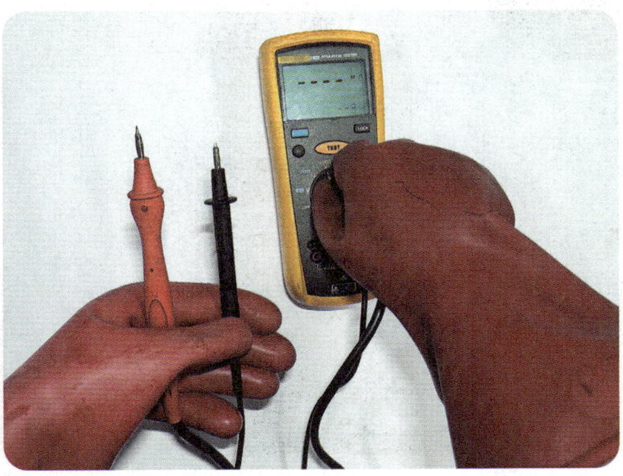

图 1-2-48　绝缘测试仪开机检查

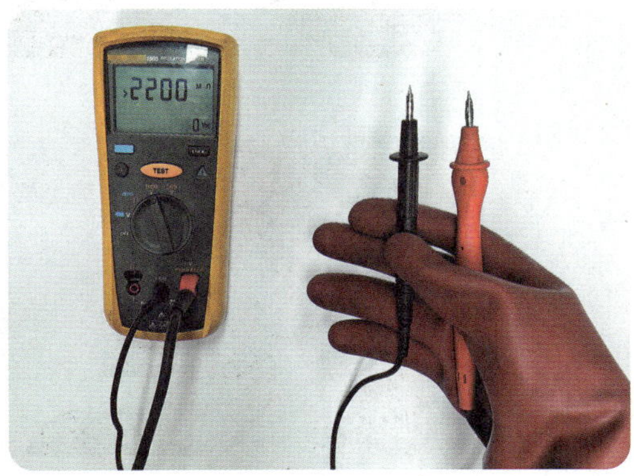

图 1-2-49　绝缘测试仪开路检查

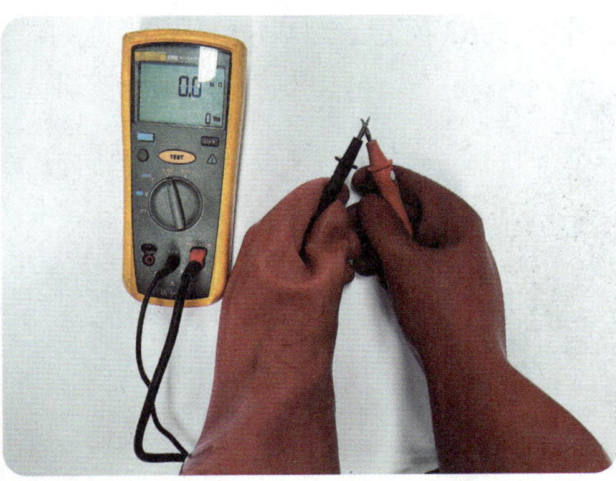

图 1-2-50　绝缘测试仪短路检查

图 1-2-51　绝缘测试仪绝缘测量

（3）检查接地电阻测试仪（外观检查、线束检查、开机检查、短路测试、断路测试、绝缘测量），如图 1-2-52、图 1-2-53、图 1-2-54、图 1-2-55、图 1-2-56、图 1-2-57 所示。

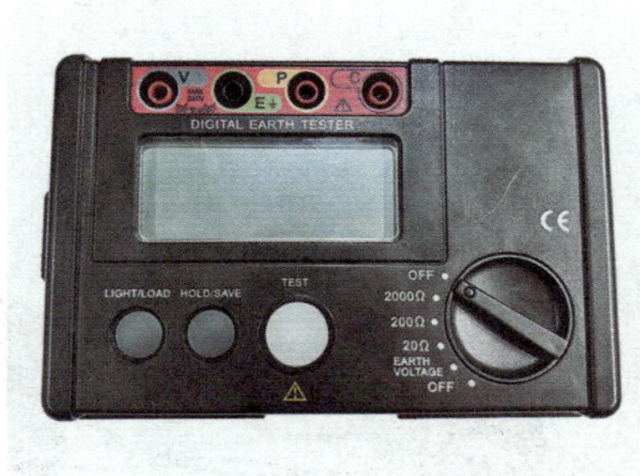

图 1-2-52　外观检查

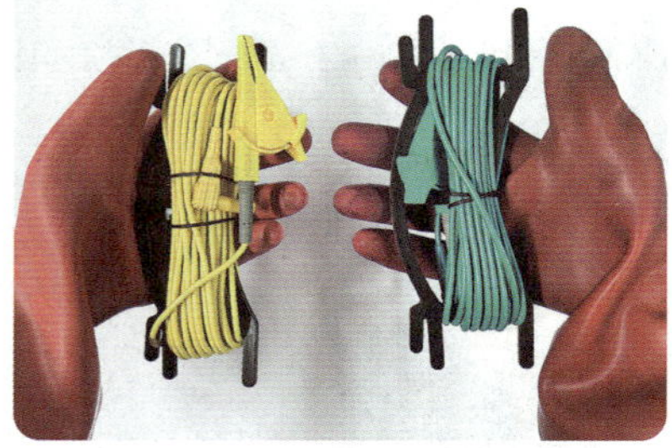

图 1-2-53　线束检查

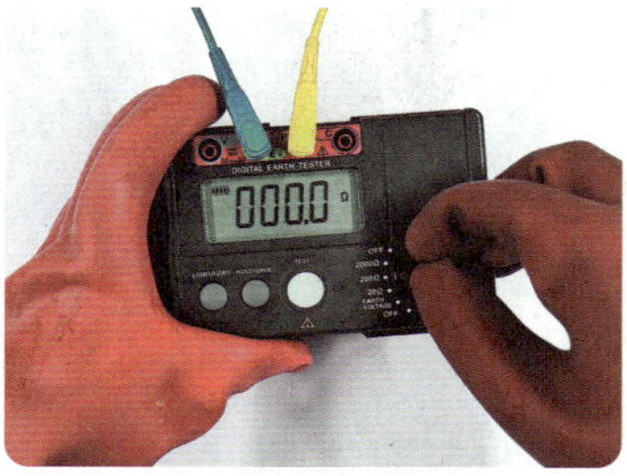

图 1-2-54　开机检查

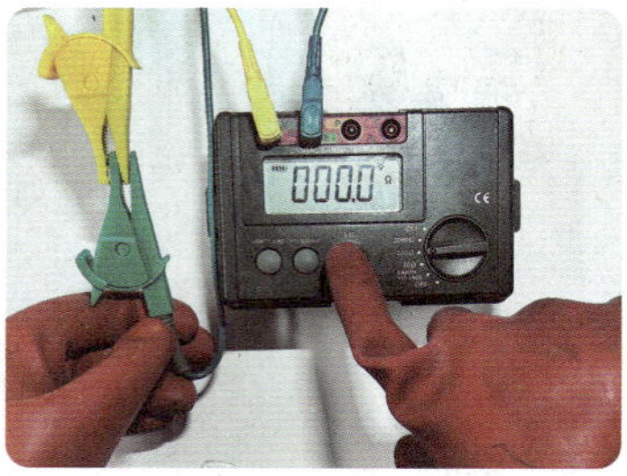

图 1-2-55　短路测试

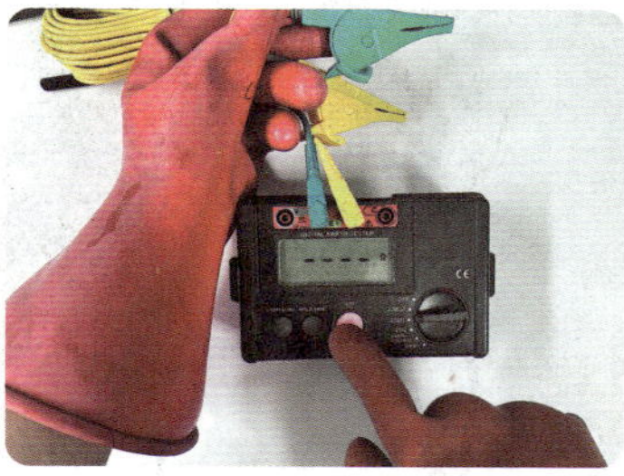

图 1-2-56　断路测试

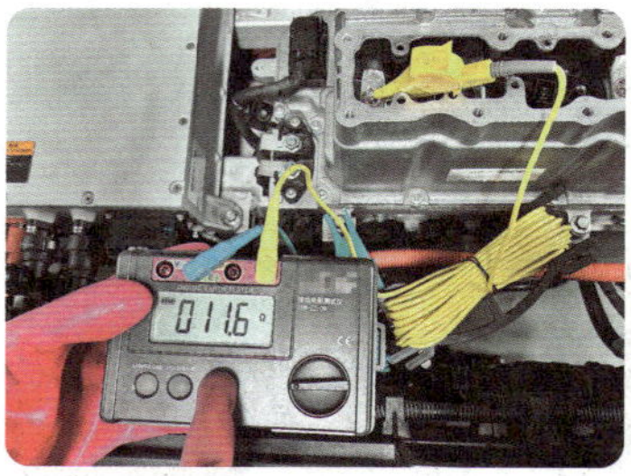

图 1-2-57　绝缘测量

步骤 6:绝缘垫绝缘性检测。

(1)绝缘垫铺设位置正确且不能有破损,如图 1-2-58 所示。

图 1-2-58　绝缘垫

(2)绝缘垫要保持干燥,不能有水。

(3)测量绝缘垫绝缘阻值不小于 20 MΩ,如图 1-2-59 所示。

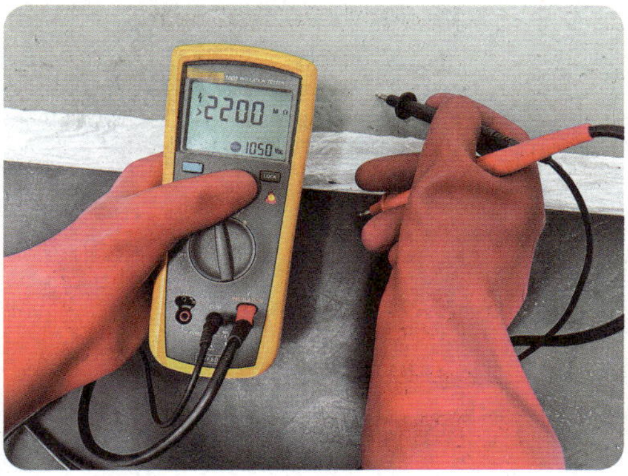

图 1-2-59　测量绝缘垫绝缘阻值

(4)佩戴绝缘手套测试绝缘电阻,如图 1-2-60 所示。

图 1-2-60　佩戴绝缘手套测试绝缘电阻

步骤 7:车辆内外防护用品使用。

(1)打开车门,铺设车内四件套,注意不能损坏四件套,如图 1-2-61 所示。

图 1-2-61　车内四件套

(2)打开前机舱盖并支撑牢固,铺设左、右翼子板布和前格栅布,把挂钩挂到可靠位置,防止脱落,如图 1-2-62 所示。

图 1-2-62　车外三件套

案例分析

维护新能源汽车要进行一系列准备,橡胶垫是为保护维修人员安全而专门铺设的绝缘垫,属于场地准备的内容。除了隔离栏、绝缘垫,场地准备还包括消防器材、警示牌等。除了场地准备,还需要进行防护套装、工具仪器、车辆信息、外检作业和安全等方面的准备。

超级链接

新能源汽车使用和驾驶注意事项

1. 新能源汽车常规性驾驶注意事项

(1)新能源汽车的挡位。一般分为 R(倒车挡)、N(空挡)、D(前进挡)及 P(电子驻车挡),没有传统燃油汽车中常见的手动挡位,因此不要过于频繁脚踩加速踏板。对于新能源汽车来说,过于频繁猛踩加速踏板,容易导致汽车的电流过大,降低汽车续航里程,时间久了还会影响电池的使用寿命。

(2)在驾驶的时候要注意行人。新能源汽车和传统燃油汽车相比有一个明显的特点,那就是噪声低。噪声低是一把双刃剑,一方面能够有效地减少城市的噪声污染,带给他人和驾驶者良好的体验;但是另一方面由于噪声低,路边的行人很难注意到,危险性比较大,因此在驾驶新能源汽车的时候要格外注意路边行人,尤其是在人多的狭窄路段。

2. 新能源汽车季节性驾驶注意事项

汽车的驾驶在不同的季节有不同的注意事项，新能源汽车也不例外。不同的季节，尤其是在夏季和冬季，对于新能源汽车的驾驶需要特别注意。

夏季注意事项有以下几点：

(1) 雷雨天气条件下尽量不要给汽车充电，避免发生危险。

(2) 行车前做好检查，检查刮水器、后视镜以及车辆的除雾功能是否正常。

(3) 避免用高压水枪冲洗汽车的前机舱。

(4) 避免在高温条件下充电，或将车辆长时间暴晒在太阳之下。

(5) 当路上积水较深时，应避免继续行驶。

冬季注意事项有以下几点：

(1) 新能源汽车在冬季常处于低温状态，因此为避免长时间停放导致汽车动力电池的温度过低，造成用电的浪费和充电上的延迟，应当定期及时充电。

(2) 在给新能源汽车充电的时候，尽量选择在温度适宜的环境下进行。

(3) 在给新能源汽车充电的时候要注意防止雨雪打湿充电接口，造成汽车的短路。

(4) 冬季的时候由于温度过低，充电的时候要提前检查车辆充电指示灯是否点亮，避免由于低温导致充电异常。

任务 3 新能源汽车高压安全防护

作业案例

王先生有一辆新能源汽车，主要上下班代步使用。前段时间市区下暴雨造成道路积水，部分路段积水较深，王先生回家心切，开车涉水行进了一段路程。几天后，汽车仪表显示故障，有黄色指示灯点亮，且车辆动力下降。于是王先生拨打 4S 店服务电话，请求救援。

知识准备

学习资料 高压安全防护

新能源汽车动力电池工作电压从 300 V 至 800 V 左右不等，因为其远远高出了安全电压,因此对人的防护和车辆本身的高压安全防护都提出了更高的要求。

1. 新能源汽车维护作业安全防护

对新能源汽车的高压系统组件进行维护时,必须采取特别的防护措施,每一位工作人员都必须完成以下工作:

(1)必须遵守有关安装的说明和规定。

(2)必须使用现有防护装备。

(3)必须按规定使用装备。

(4)如果发现装备损坏,必须按专业要求排除。如果不能排除,必须上报,以便按专业要求排除装备故障。

2. 人员健康预防措施

新能源汽车的某些零部件可能有非常强的磁性。如果技术人员或非工作人员身上有植入体内或便携式医疗电子设备,如心脏起搏器或心律转复除颤器,则必须向该医疗设备的制造商了解可能会有哪些不利影响,方能对新能源汽车进行维护作业。可能对医疗设备形成干扰的汽车设备包括以下一些:

(1)汽车充电桩。

(2)车载式汽车充电机。

(3)远程发射机。

(4)无线钥匙的信号天线。

(5)永磁电机。

为了避免对便携式医疗设备的干扰,技术人员应参考汽车厂家的维护信息,找出所有能发射强电磁波的零部件,并了解人体与这些零部件之间所需保持的最小距离。

3. 个人防护用品

个人防护用品可以分为一般劳动防护用品和特种劳动防护用品。对于特定的诊断或维护作业技术人员可能需要在暴露的高压零部件附近进行操作。如果有导电物体落到暴露的高压电路上,则可能会造成危险的短路事故。

在对新能源汽车进行维护作业之前,技术人员应取下身上所有首饰和其他金属物品,例如戒指、手表、项链或工作徽章。同时,要从衬衫和裤子口袋里取出金属物品,例如口袋中的自动铅笔或工具,因为它们可能会滑落出来造成弧闪隐患。而且,将衣物上的金属物移除或遮盖住可以避免意外触电。

4. 急救措施

如果遇到意外触电受伤情况,必须采取合理的救援措施,如果遇到事故人员停止呼吸,应第一时间拨打救援电话,并对事故人员第一时间采取急救措施,所有相关人员应熟练掌握心肺复苏技能,并会使用除颤仪。

烧伤或烫伤时，必须用流动的水冲洗冷却，直至疼痛减轻。如果烧伤的同时神志不清且血液循环有问题，要立即拨打急救电话到医院进行救治。

案例分析

王先生到 4S 店检修车辆，被告知是因为涉水过深，造成车辆部分插接器渗水受潮，高压部分绝缘阻值下降而被限制功率输出，经维修后故障排除。维修技师给王先生提出建议，新能源汽车虽然密封性能优于传统燃油汽车，且达到 IP67 国家标准，但是仍然有涉水深度限制，且在水中不能高速行驶，一旦涉水过深，建议及时开到 4S 店进行检修，以免造成更大损失。

超级链接

灭火器的选择

1. 二氧化碳灭火器

只适用于 600 V 以下的电气设备的灭火，在面对 600 V 以上的高压电气设备火灾时，必须先切断电源后再灭火。

2. 干粉灭火器

干粉是不导电物质，可以用于扑灭带电设备的火灾。

3. 1211 灭火器

1211 灭火器或称卤代烷灭火器，无腐蚀作用，绝缘性能好，可用于充油设备或电气设备的灭火。

4. 水基型灭火器

在喷射后，呈水雾状，瞬间蒸发火场大量的热量，迅速降低火场温度，抑制热辐射，表面活性剂在可燃物表面迅速形成一层水膜，起到降温、隔离双重作用，同时参与灭火，从而达到快速灭火的目的。水基型灭火器可以扑救 36 kV 以下的电气设备火灾。

5. 泡沫灭火器

不可用于电气设备灭火，因为泡沫既损坏电气设备的绝缘性，又具有导电性。

6. 水喷雾灭火系统

可用于扑救固体物质火灾、丙类液体火灾、饮料酒火灾和电气火灾，并可用于可燃气体和甲、乙、丙类液体的生产、储存装置或装卸设施的防护冷却。

项目2 新能源汽车定期维护

新能源汽车定期维护

项目概述

不管是传统燃油汽车还是新能源汽车，为了保证驾乘人员的安全，都需要进行定期维护，更换必要的零部件，以延长整车的使用寿命。新能源汽车中的纯电动汽车取消了发动机，没有了发动机的相关定期保养项目，但是多了三电系统，三电系统同样需要进行保养。除此之外，纯电动汽车的车辆用液、底盘、灯光电气系统和传统燃油汽车几乎一样，这些项目的检查内容大致相同。本项目包含两个任务，即新能源汽车日常维护和新能源汽车一级维护。

通过本项目的学习要求掌握新能源汽车日常维护和一级维护的主要操作内容及流程，能够安全规范地对新能源汽车进行定期维护。

学习目标

知识目标：

1. 理解新能源汽车维护的必要性。
2. 掌握新能源汽车日常维护的主要内容。
3. 掌握新能源汽车一级维护的主要内容。

技能目标：

1. 能够对新能源汽车的三电系统的电路连接状况进行安全规范的检查。

2. 能够对液位、轮胎、制动、洗涤系统、灯光照明、空调运行效果进行安全规范的检查。

素养目标：

1. 通过新能源汽车维护和传统燃油汽车维护内容的对比学习，提升分析判断的能力。

2. 通过新能源汽车日常维护、一级维护实训，养成规范意识，培养精益求精的工匠精神。

任务 1　新能源汽车日常维护

作业案例

王先生新买了一辆吉利帝豪 EV450 轿车，这是他第一次接触纯电动汽车，在使用汽车的过程中有一些困惑，因为听有的朋友说纯电动汽车几乎不用维护，有的朋友说纯电动汽车也需要维护。纯电动汽车在日常使用过程中需要不需要维护？如果需要，车主自己可以做哪些维护？

知识准备

学习资料 1　新能源汽车日常维护的必要性

传统燃油汽车根据汽车制造商规定的维护时间表进行维护，耗材通常包括各类油液、过滤器、传动带、制动摩擦片和火花塞。相较而言，混合动力汽车或纯电动汽车的许多电驱动系统部件维护频率相对较低，甚至有些部件在整个寿命期内都不需要检修。

但是与传统燃油汽车一样，新能源汽车中也使用了大量橡胶件，比如传动带。橡胶具有柔韧性，但长时间使用易老化。橡胶传动带如果使用时间久了，就会出现裂痕（龟裂）甚至断裂。另外，制动软管、散热器软管等也由橡胶制成，出现裂化等现象也是不可避免的。特别是制动软管，仅凭外观可能无法判断其是否老化，必须定期维护或更换。定期维护过程中还需要检查易磨损件，比如制动摩擦片、轮胎等。这些零部件都有一定的使用限度（磨损限度），并不是可以永久使用的，若超出磨损限度使用，则会引发故障，甚至造成事故。因此，定期维护是重要的也是必要的。

新能源汽车除了这些常见维护项目，它特有的动力电池、驱动电机、电控系统也需要进行定期的检查和保养,只是这些系统的工作电压大大超过了人体可承受的安全电压,必须到专业维修机构,由专业维修人员对其进行检查和维护,严禁车主对新能源汽车的电路进行检查。某些维护项目需要专用设备、指定的油脂类耗材,且更换下来的耗材还需进行适当处理,应到具有一定资质的维修服务中心,委托专业人员进行规范的检查和维护。对于新能源汽车来说,定期维护可以延长车辆使用寿命,让车辆始终处在安全稳定状态。

因此无论是纯电动汽车还是混合动力汽车,它们都有自己的维护规范,及时掌握车辆使用性能、维护周期及维护内容,严格按照维护手册规范维护,将大大延长车辆的使用寿命,减少不必要的维修费用。

大多数混合动力汽车和纯电动汽车制造商会为每辆车提供一份维护手册。尽管维护信息可以从车辆的用户手册中查到,但是有些汽车厂家还是会提供一份单独的维护手册,其中包含的维护信息比用户手册更详细完整。吉利帝豪 EV 系列维护手册目录如图 2-1-1 所示。

目　录

家用汽车三包凭证 ······ 01
致用户书 ······ 03
联系我们 ······ 04
质量保修服务条款 ······ 05
维护规定 ······ 09
免费维护记录卡 ······ 10
维护项目表 ······ 11
定期维护记录 ······ 13
里程表更换记录 ······ 16
车主关于汽车产品缺陷的报告 ······ 17

图 2-1-1　吉利帝豪 EV 系列维护手册目录

学习资料 2　车主自行检查维护项目

在新能源汽车日常使用中,可依据行驶里程、时间以及车辆行驶时的状况来确定实施检查保养的时间。如果是车主可以自行实施的检查项目,则建议在长距离行驶前、洗车时或充电时,由车主自行实施。主要保养项目包括:动力电池系统及时充电,避免动力电池亏电严重,如果长时间不使用,应保证每个月都进行一次补充充电;冷却系统的液位及泄漏检查;风窗洗涤系统液位及刮拭情况检查;制动系统液位及制动踏板状态检查;空调系统副水箱液位及空调系统运行效果检查;轮胎气压及轮胎磨损情况检查;汽车灯光照明及信号系统状态检查。

任务实施

技能实训　新能源汽车日常维护

步骤1:冷却系统检查。

(1)检查储液罐液位,应在高、低位刻度线之间,如图2-1-2所示。

(2)检查冷却系统有无泄漏现象。如冷却液过少,则需添加与原车型号相同的冷却液。

新能源汽车日常维护

步骤2:风窗洗涤系统检查。

(1)应每月检查一次储液罐中洗涤液的存量,如图2-1-3所示。

> **注意**:如果余量不足,应选择优质洗涤液添加,防止寒冷天气冻结。

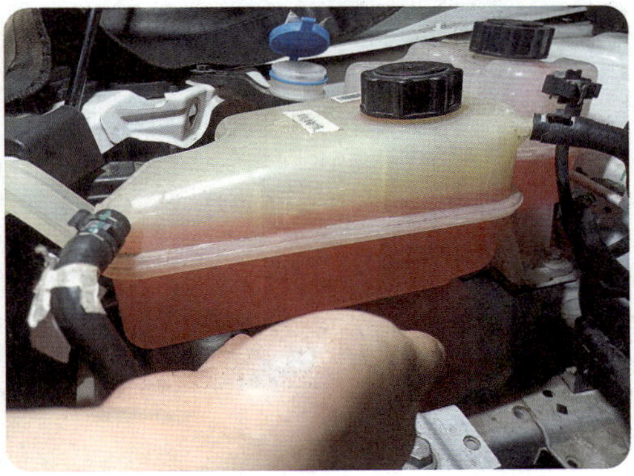

图2-1-2　冷却系统液位检查

图2-1-3　风窗洗涤系统液位检查

(2)定期清洗风窗玻璃和刮水片,如图2-1-4所示。

> **注意**:使用刮水片刮拭风窗玻璃时,必须使玻璃充分湿润(未下雨时,必须预先用洗涤液喷洒玻璃)。

(3)每月检查一次刮水器状况。

如果刮水器不能刮拭干净风窗玻璃,则应检查其是否有磨损、龟裂或其他损伤。

(4)定期更换刮水片,建议每半年一次。

步骤3:制动系统检查。

(1)查看储液罐液位,应处于规定刻度线内,如图2-1-5所示。

如果液位处于最低刻度线以下,则检查储液罐及管路是否有泄漏部位或制动摩擦片是否磨损过度。

注意：应每月检查一次储液罐内的液位，制动液应依照定期保养表中规定的行驶时间与里程数进行更换。

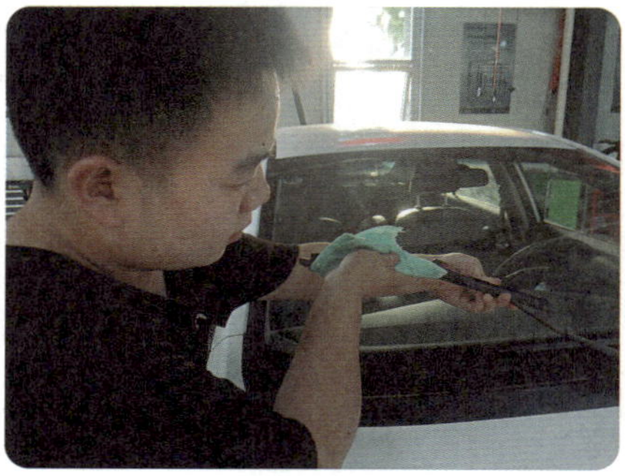
图 2-1-4　清洗刮水片

图 2-1-5　制动系统液位检查

（2）检查制动踏板是否能正常操作，如图 2-1-6 所示。

（3）检查电子驻车开关功能是否完好，如图 2-1-7 所示。

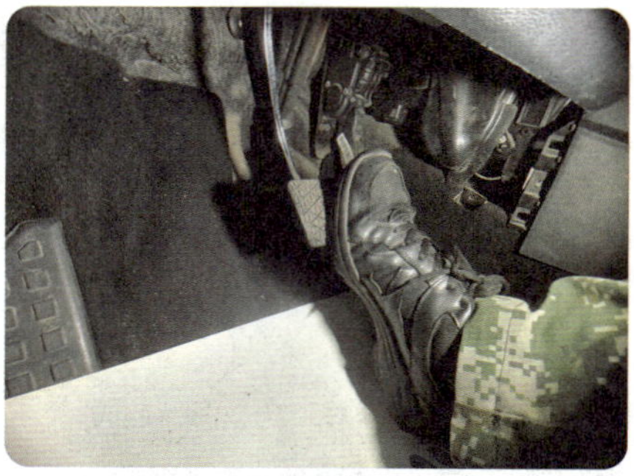
图 2-1-6　制动踏板检查

图 2-1-7　电子驻车开关检查

步骤 4：空调系统检查。

（1）检查空调副水箱液位是否在高、低位刻度线之间，如缺少则需添加相同型号冷却液，如图 2-1-8 所示。

（2）检查空调各出风口出风情况及制冷、制热效果，如图 2-1-9 所示。

图 2-1-8　空调副水箱液位检查

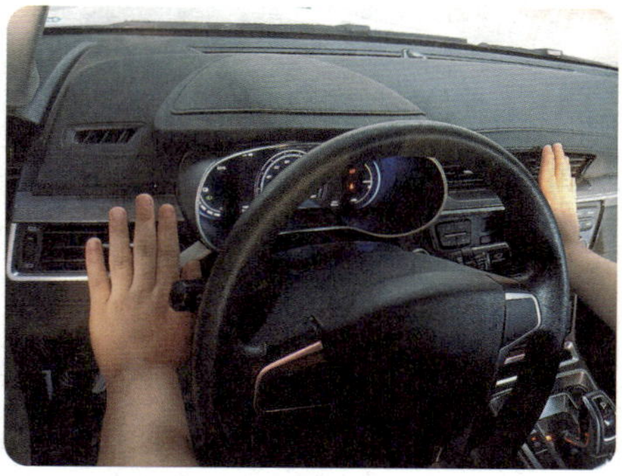
图 2-1-9　空调出风口检查

如果发现空调制冷效果下降，则需及时到正规授权修理店进行检查。

步骤 5：轮胎检查。

(1) 检查轮胎气压，如图 2-1-10 所示。推荐胎压值标注在驾驶员侧门框上的标牌上。

(2) 检查轮胎外观，如图 2-1-11 所示。

①当胎面磨损至磨损标记时，应及时更换轮胎。

②当胎面或胎壁有损伤或凸起时，应及时更换轮胎。

③如果胎面有异常磨损应及时到专业维修店进行维修检查。

(3) 检查车轮螺栓是否齐全有效且紧固可靠。

a. 轮胎气压标准值　　　　b. 轮胎气压检查

图 2-1-10　轮胎气压检查

图 2-1-11　轮胎外观检查

步骤 6：灯光照明信号系统检查。

(1) 每月检查一次前照灯、小灯、尾灯、高位制动灯、转向信号灯、前雾灯、后雾灯、制动灯及牌照灯等的状况，如图 2-1-12 所示。

(2) 检查喇叭是否正常，如图 2-1-13 所示。

图 2-1-12　汽车灯光检查

图 2-1-13　喇叭检查

步骤 7:三电系统检查。

(1)电池状态及仪表指示灯检查,如图 2-1-14 所示。

(2)启动车辆,检查电机等部件有无异响。

(3)连接充电枪,检查车辆充电状况,如图 2-1-15 所示。

图 2-1-14　电池状态及仪表指示灯检查

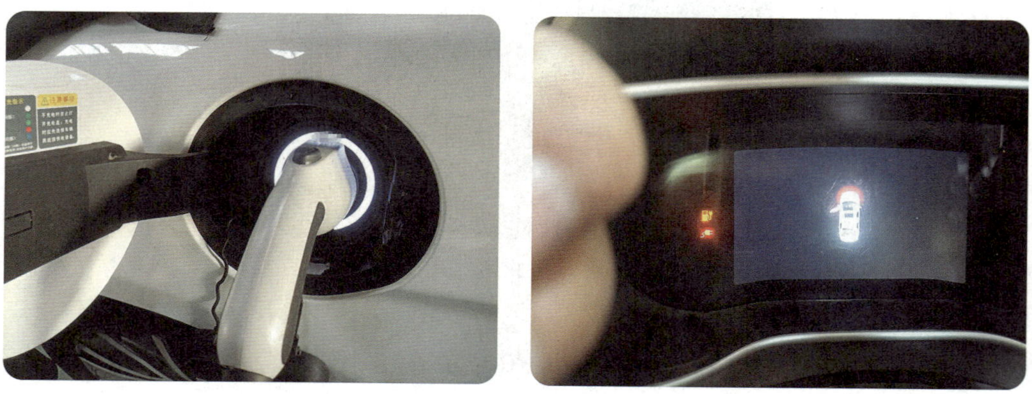

a. 连接充电枪　　b. 检查车辆充电指示灯

图 2-1-15　连接充电枪及检查车辆充电指示灯

案例分析

王先生的纯电动汽车同样需要进行日常维护。维护项目除了和传统燃油汽车一样的液位、轮胎、制动、风窗洗涤、空调、灯光等检查项目,还应检查纯电动汽车的三电系统,尤其要注意的是在车辆长期停放时,应经常对动力电池进行补充充电。

超级链接

清洗新能源汽车的注意事项

(1)清洗新能源汽车时,水枪的水压不要过大,尽量保持在中低压以下,避免对新能源汽车的某些部件造成损害。

(2)清洗新能源汽车之前,一定要注意拔掉车钥匙,关闭车内的所有电源,以免意外漏电造成人员伤亡。同时还要关闭所有的车门车窗,防止有水进入,造成车辆部件的损坏。

(3)车辆风干之前,要避免在太阳下长时间暴晒,暴晒会导致电路老化加快,还要避免电子元件受潮而损坏。

(4)不要直接对着底盘冲洗,要从侧面用较小的水压冲洗,以免水直接接触电池,造成短路甚至人员的伤害。

(5)清洗新能源汽车的充电接口时,可以使用湿抹布进行擦拭,要避免水流进入车身线路,引发触电事故。

任务 2　新能源汽车一级维护

作业案例

经过上次了解，王先生知道了新能源汽车也应该做好日常维护，同时还明白了新能源汽车电路系统需要到专业维修店进行维护。现在王先生的车到了需要一级维护的时候了，他主动将车开到了 4S 店，由 4S 店对车辆进行全面的维护。新能源汽车的一级维护要做哪些项目呢？和传统燃油汽车的一级维护有哪些区别呢？

知识准备

学习资料 1　新能源汽车一级维护项目期限

新能源汽车一级维护周期一般为行驶 2000～3000 km 或购车三个月，以先到者为准。不同车型也有不同的具体要求。表 2-2-1 所示为吉利汽车的一级维护规定，为购车 3 个月或行驶里程 3000 km 以内。

吉利公司为用户购买的吉利汽车提供 4 次免费维护，用户须按照以下规定期限到服务站进行免费维护，超过行驶里程或时间期限，车辆将不能享受吉利公司提供的免费维护服务，相关维护费用由用户自行承担。

表 2-2-1　吉利帝豪一级维护期限规定

序号	免保次数	维护期限（时间和里程以先到者为限）
1	首次免费维护	购车 3 个月或行驶里程 3000 km 以内
2	第二次免费维护	购车 9 个月或行驶里程 13000 km 以内
3	第三次免费维护	购车 15 个月或行驶里程 23000 km 以内
4	第四次免费维护	购车 21 个月或行驶里程 33000 km 以内

学习资料 2　新能源汽车一级维护项目内容

由于常见的新能源汽车和传统燃油汽车在行驶系统、转向系统、制动系统以及灯光照明上基本一致，所以新能源汽车以上系统的一级维护项目与传统燃油汽车几乎一样，主要包含液位检查、制动系统检查、悬架系统检查、转向系统检查、灯光检查。新能源汽车主要在动力源、驱动方式上与传统燃油汽车不同，它的行驶与供电系统密不可分，因此，三电部分的维护是新能源汽车特有的维护项目，也是尤为重要的维护项目。由于车辆驱动电压远远超过人体可承受的安全电压，所以电路系统的维护是禁止车主进行操作的，需要到专业的汽车维修店进行维护。新能源汽车一级维护项目有：检查动力电缆线的外观以及插接件，检查动力电池的外观以及密封情况，检查电机控制器及电机的插接件，检查电动压缩机插接件，检查充电系统插孔及插头。如表 2-2-2 所示为吉利帝豪 EV450 的各级维护内容。

表 2-2-2　吉利帝豪 EV450 各级维护内容

项次	维护项目	首次行驶 3000 km，以后每间隔 6 个月或行驶 10000 km	规格及标准
1	外露螺栓、螺母	D	外露螺栓、螺母，按规定力矩检查并拧紧到位
2	制动性能	B、D、R	制动性能检查，必要时调整，或按情况需要更换制动摩擦片
3	制动液检查	C	检查制动油液容量，不足时添加符合 GB 12981 中的 DOT4 或 HZY4 型制动液
4	制动液更换	R	每行驶 2 年或 30000 km 必须更换制动液，特别恶劣情况下每行驶 1 年或 20000 km 更换制动液
5	制动软管和硬管	D	是否漏油、损坏、紧固、定位
6	制动软管、制动皮碗更换	R	每行驶 2 年必须更换，特别恶劣情况下每行驶 1 年更换
7	轮胎	C、D、R	轮胎气压 240 kPa；检查轮胎花纹深度，必要时更换
8	四轮定位	B、D	营运车首次行驶 8000 km 做一次四轮定位，以后视车辆情况确定
9	全车灯光	D	功能
10	喇叭、刮水器、洗涤器	D	功能
11	车门、门锁	D	功能，必要时调整。
12	线路	B、D、R	检查运动件与线束有无干涉、有无磨损、插件插接是否到位、线束固定是否固定到位，绝缘电阻值测量

续表

项次	维护项目	首次行驶 3000 km，以后每间隔 6 个月或行驶 10000 km	规格及标准
13	驱动电机	D	驱动电机固定螺栓紧固性检查，电机三相线紧固性检查；接地线束紧固性检查
14		B、D	水冷系统管路有无老化、变形、渗漏，水箱、管路有无水垢；水泵工作是否正常
15		D	位置、温度传感器的检测，传感器电阻值、绝缘电阻值测量
16		D	测试电机 U、V、W 间线电阻、测试电机绝缘电阻值；测试电机接地线部位的接地电阻值
17		B、D	电机前后端盖清理检查，电机的轴向间隙检测，怠速及行车状态电机运转是否平稳
18	动力电池组	B、D	电池箱体（含尾部挂梁）与车辆底盘螺栓紧固检查、螺栓是否腐蚀；电池箱体是否有划痕、腐蚀、变形、破损，等情况；电池箱体底部防石击胶是否有划痕、腐蚀、破损等情况
19		D	MSD 拉手及底座内部是否清洁、腐蚀、破损
20		B、D	高、低压插接件是否清洁、腐蚀、破损，连接是否可靠；接地线束是否牢固无松动
21		D	检查电池状态参数、荷电状态、温度、单体电压、电池包绝缘阻值
22	DC/DC 变换器	D	检查 DC/DC 变换器工作是否正常；线束波纹管表皮是否老化、开裂、脱落；接插件是否松动，线束端子螺栓是否松动
23	电机控制器	D	功能；检查接地线束是否牢固无松动
24	冷却液	C、D、R	检查是否泄漏、液面高度是否在正常范围，不够时添加，每行驶 20000 km 更换一次（或按情况需要）
25	齿轮油	C、D、R	检查是否泄漏、液面高度是否在正常范围，不够时添加，每行驶 50000 km 更换一次（或按情况需要）

续表

项次	维护项目	首次行驶 3000 km，以后每间隔 6 个月或行驶 10000 km	规格及标准
26	车载充电机	D	充电机安装牢固、无松动，表面清洁，充电机诊断测试。高、低压插接件表面完好无破损、牢固
27		D	接地线牢固无松动，绝缘、接地检测，绝缘电阻≥100 MΩ；接地电阻≤0.1Ω
28	空调系统	D、R	检查空调功能、制冷剂、空调管路、压缩机是否有泄漏、异响等；一般情况下每行驶 10000 km 或 6 个月（以先到者为限）对空调滤芯进行一次清洁，每行驶 20000 km 或 12 个月（以先到者为限）更换空调滤芯

字母说明：B 调整，C 添加，D 检查，R 更换。

任务实施

技能实训　新能源汽车一级维护

新能源汽车一级维护

步骤 1：车辆外观检查。

（1）检查车辆表面有无变形及腐蚀，如图 2-2-1 所示。

（2）检查灯光装置外观是否良好，如图 2-2-2 所示。

图 2-2-1　检查车辆表面

图 2-2-2　检查灯光装置外观

步骤 2：液位检查及低压蓄电池检查。

（1）检查确认制动液量、冷却液量、洗涤液量是否符合标准。如图 2-2-3 所示。

a. 检查制动液液位

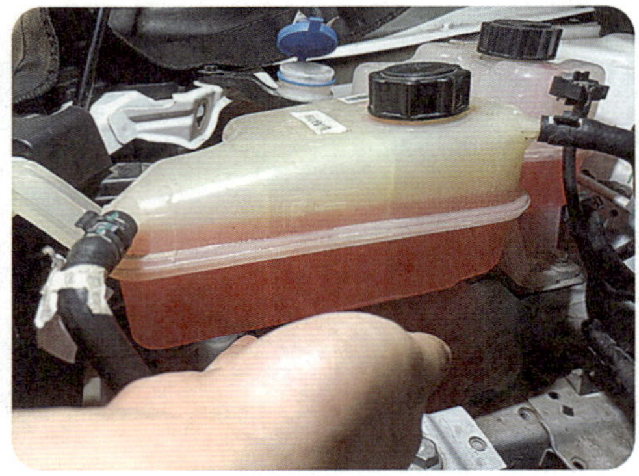

b. 检查冷却液液位

c. 检查洗涤液液位

图 2-2-3　液位检查

(2)检查低压蓄电池电压是否符合标准,如图 2-2-4 所示。

图 2-2-4　检查低压蓄电池电压

步骤 3:驾驶舱内检查。

(1)电池状态及仪表指示灯检查,如图 2-2-5 所示。

(2)使用汽车故障诊断仪扫描车辆三电系统有无异常,如图 2-2-6 所示。

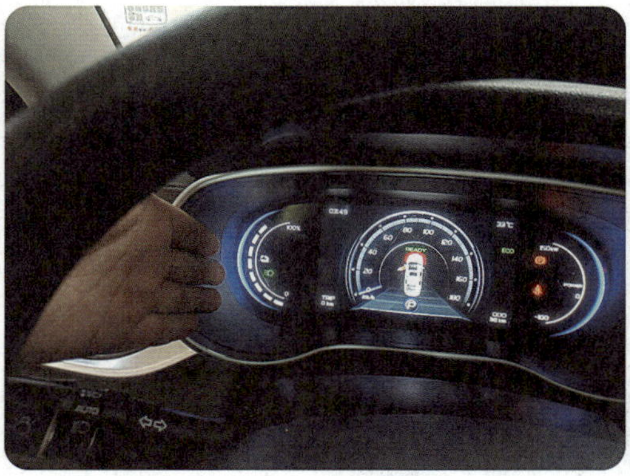

图 2-2-5 检查电池状态及仪表指示灯

图 2-2-6 使用汽车故障诊断仪扫描三电系统

(3)启动车辆,检查电机等部件有无异响。

(4)风窗洗涤检查,如图 2-2-7 所示。

(5)检查空调系统运转是否正常,各出风口出风是否正常,如图 2-2-8 所示。

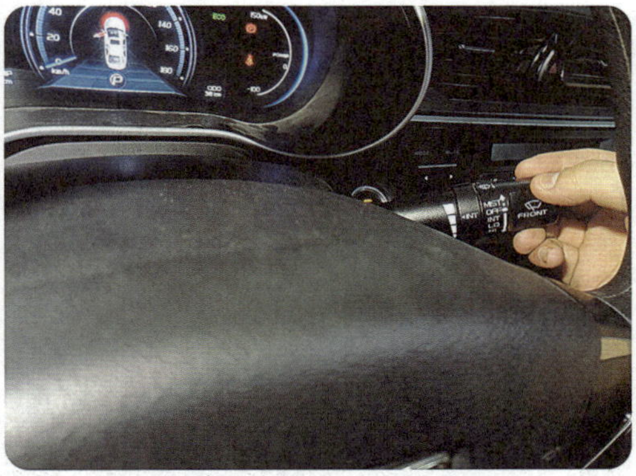

图 2-2-7 检查风窗洗涤

图 2-2-8 检查空调系统

(6)制动踏板及驻车制动检查,如图 2-2-9 所示。

a. 检查制动踏板　　b. 检查驻车制动

图 2-2-9 制动踏板及驻车制动检查

(7)安全带检查,如图 2-2-10 所示。

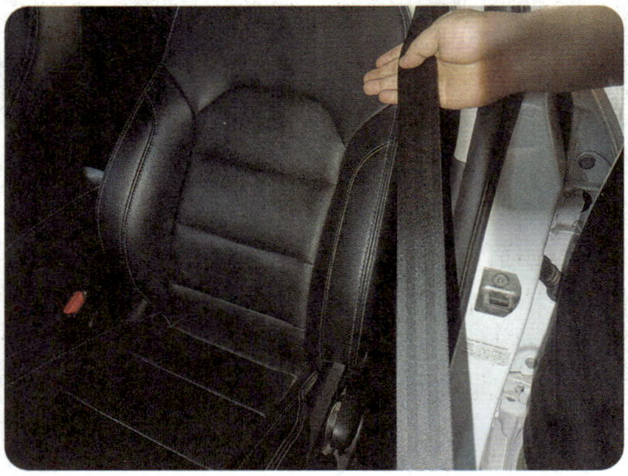

图 2-2-10　检查安全带

步骤 4:动力舱电路及油液检查。

(1)关闭点火开关,取下低压蓄电池负极接线,等待 5 min 后,断开高压母线插头,高压系统下电。

(2)检查“三合一”控制器高、低压线束连接情况,如图 2-2-11 所示。

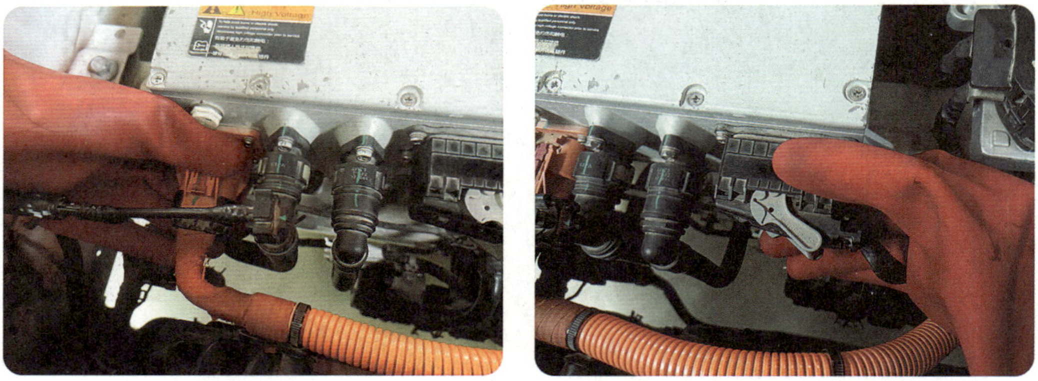

a. 检查高压线束连接情况　　b. 检查低压线束连接情况

图 2-2-11　高、低压线束连接情况检查

(3)检查“三合一”控制器冷却管路是否漏液,如图 2-2-12 所示。

图 2-2-12　检查控制器冷却管路

(4)检查驱动电机冷却管路有无漏液或异味等现象,如图 2-2-13 所示。

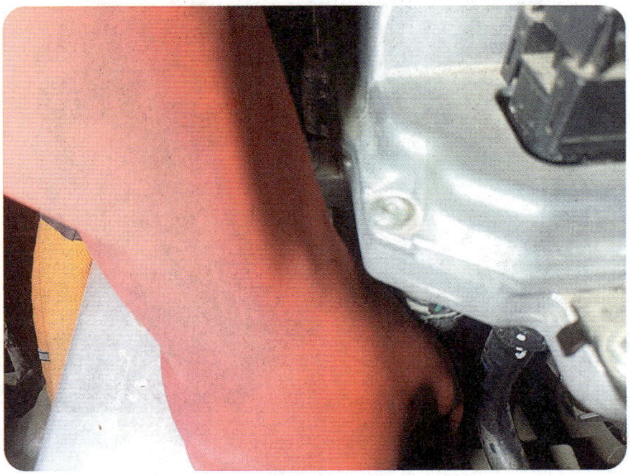

图 2-2-13　检查驱动电机冷却管路

(5)检查 PTC 加热器高、低压线束连接情况,如图 2-2-14 所示。

图 2-2-14　检查 PTC 加热器

(6)检查制动系统控制单元连接线束情况,如图 2-2-15 所示。

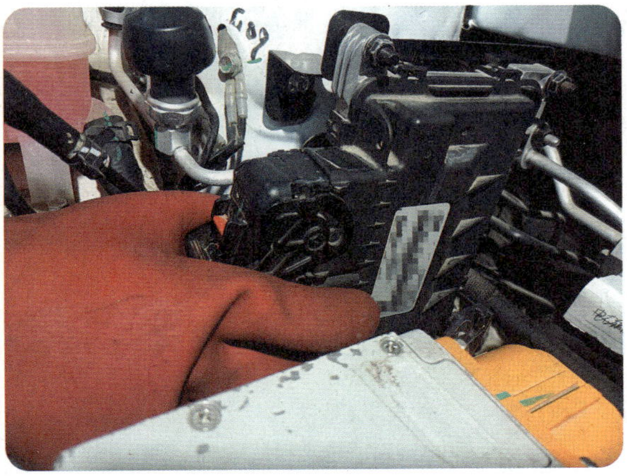

图 2-2-15　检查制动系统控制单元连接线束

（7）检查制动系统控制单元有无制动液泄漏，如图 2-2-16 所示。

图 2-2-16　检查制动系统控制单元有无制动液泄漏

步骤 5：动力电池及电机检查。

（1）安全举升车辆。

（2）检查电池箱体底部是否有划痕、腐蚀、破损等情况，有无漏液等异常现象，如图 2-2-17 所示。

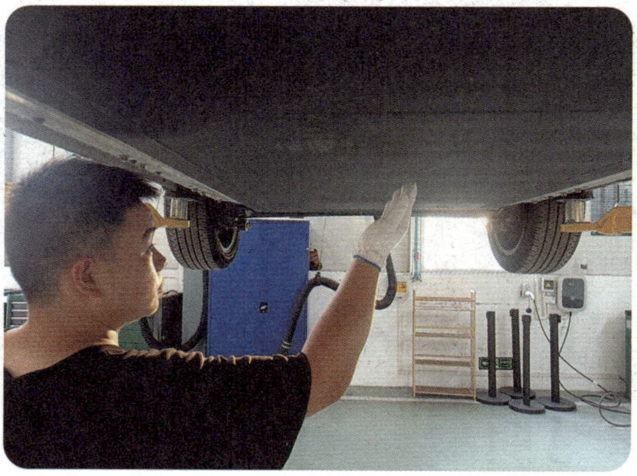

图 2-2-17　检查电池箱体

（3）检查动力电池连接线束有无磨损、脱落等异常现象，如图 2-2-18 所示。

图 2-2-18　检查动力电池连接线束

(4)检查减速器放油螺栓有无减速器油泄漏等异常现象,如图 2-2-19 所示。

(5)检查驱动电机和减速器结合面有无减速器油泄漏等异常现象,如图 2-2-20 所示。

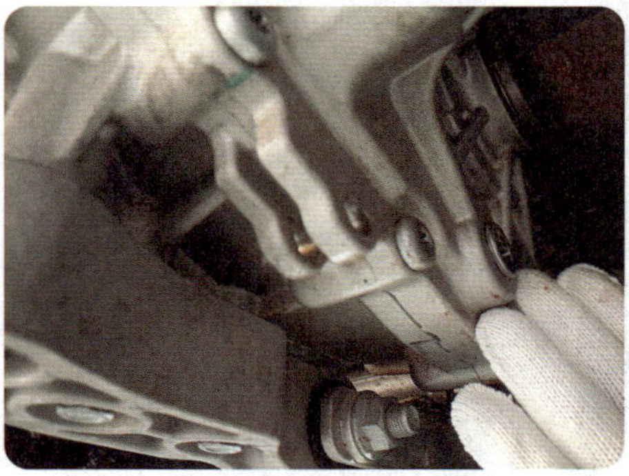

图 2-2-19　检查放油螺栓

图 2-2-20　检查驱动电机和减速器结合面

步骤 6:底盘系统检查。

(1)检查底盘各部件连接螺栓是否松动,如松动,紧固至规定力矩,如图 2-2-21 所示。

(2)检查四个车轮处的制动软管是否有扭结、干涉、漏油等现象,如图 2-2-22 所示。

图 2-2-21　检查连接螺栓是否松动

图 2-2-22　检查制动软管

(3)检查转向系统左右转向横拉杆是否松动、变形,如图 2-2-23 所示。

(4)检查左右半轴内外防尘罩是否破损、漏油,如图 2-2-24 所示。

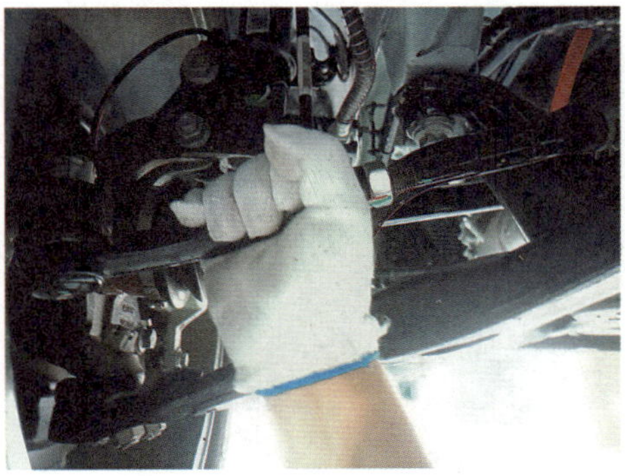

图 2-2-23　检查转向横拉杆

图 2-2-24　检查半轴防尘罩

(5)检查四个减振器是否变形、漏油,检查螺旋弹簧是否变形,如图 2-2-25 所示。

(6)检查轮胎有无异常磨损及损伤,如图 2-2-26 所示。

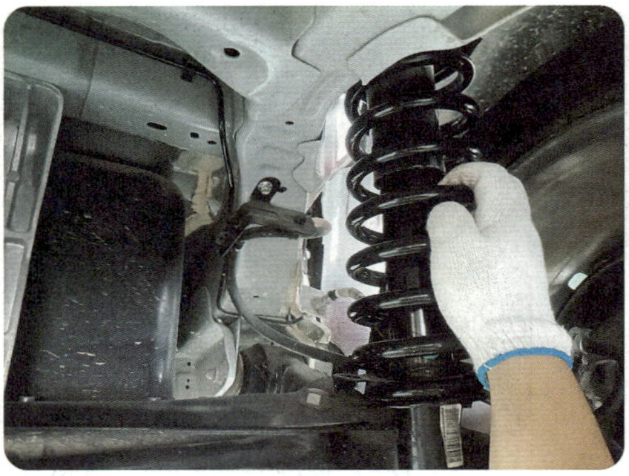

图 2-2-25　检查减振器、螺旋弹簧

图 2-2-26　检查轮胎

步骤 7:灯光及轮胎检查。

(1)安全降下车辆,佩戴绝缘手套,安装高压母线插头,安装低压蓄电池负极接线。

(2)检查前照灯、小灯、尾灯、高位制动灯、转向信号灯、前雾灯、后雾灯、制动灯及牌照灯的状况是否正常,如图 2-2-27 所示。

图 2-2-27　检查汽车灯光

(3)检查充电接口有无杂物、充电盖板是否牢固可靠,如图 2-2-28 所示。

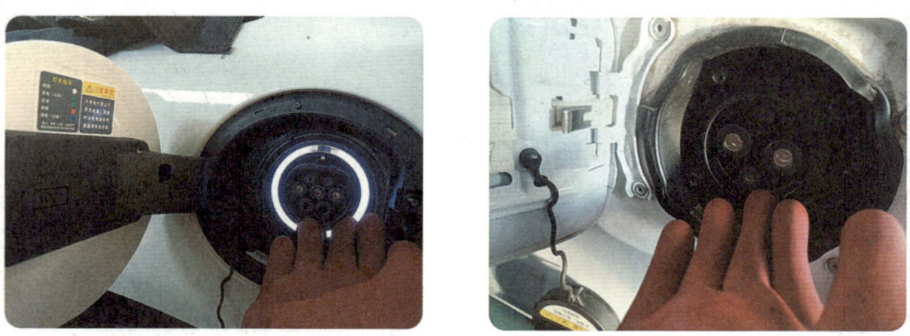

a. 检查慢充充电接口

b. 检查快充充电接口

图 2-2-28　检查充电接口

(4)连接充电枪,检查车辆充电状况,如图 2-2-29 所示。

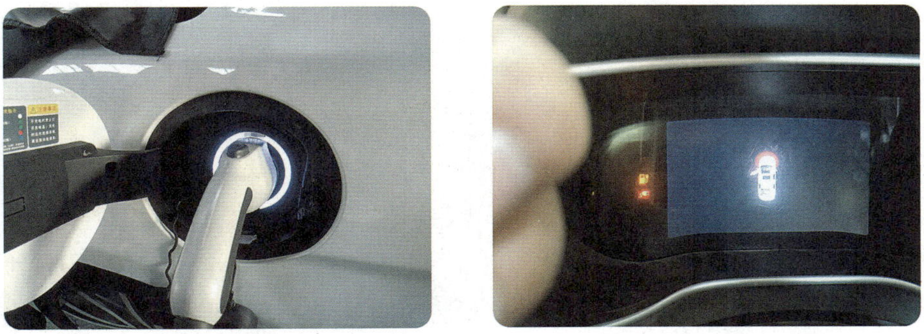

a. 连接充电枪　　　　b. 检查车辆充电指示灯

图 2-2-29　检查车辆充电状况

(5)检查四个车轮轮胎气压是否符合规定,若不符合规定,则调整至规定值,如图 2-2-30 所示。

(6)检查车轮螺栓是否松动,如果松动,则紧固至规定力矩,如图 2-2-31 所示。

图 2-2-30　轮胎气压检查

图 2-2-31　紧固轮胎螺栓

案例分析

新能源汽车一级维护的主要内容包括汽车行驶系统检查、转向系统检查、制动系统检查、灯光照明检查、空调性能检查、三电系统电路检查、三电系统密封性检查、驱动电机齿轮油泄漏检查等。新能源汽车和传统能源汽车的一级维护主要区别在于三电系统的电路检查,由于车辆工作电压超过人体可承受的安全电压,需要对车辆高压系统断电,佩戴绝缘手套进行检查。

超级链接

纯电动汽车的防水性能以及防雨措施

1. 纯电动汽车的防水性能

纯电动汽车涉水过程中要特别注意电池组的防水性能。纯电动汽车的电池组比较重,大部分都放在车身底部。当路面被深水覆盖时,电池组可能会被淹没,因此电池组的防水性能尤为关键。

电池组的防水性能与电池组的设计密切相关,尤其是电池组热管理系统的设计。纯电动汽车的电池冷却系统有两种不同的设计方案:风冷和液冷。大多数风冷设计的电池组应该有进气口和出气口,所以水可能会从出气口进入电池组。相比之下,液冷电池组更容易提高密封性能。

纯电动汽车的电机、调节器、电池等至关重要的部件都安全地放置在密封的装置中。如果纯电动汽车轻微进水,不要对车辆进行上电操作,也不能进行充电,否则容易引起电路短路,对车辆造成二次伤害。

2. 纯电动汽车的防雨措施

雨天驾驶纯电动汽车时,要尽量防止纯电动汽车涉水而过。由于一路飞溅,雨水有可能渗入电池和连接插件,造成短路。到达目的地后,将纯电动汽车存放在车库或有雨棚的地方。大雨过后,纯电动汽车的保养也很重要。纯电动汽车应尽量放在通风干燥的地方。

纯电动汽车不使用时,尽量停放在空地上。不要放在低洼地区、树下、高压线下、火源等附近危险路段。一旦电池浸湿,需要由汽车工厂或电池制造商处理。给纯电动汽车充电时,要观察充电枪和充电底座,必须保持干燥不烧蚀,并防止雨天露天充电。

项目3 新能源汽车二级维护

新能源汽车
二级维护

项目概述

相对于传统燃油汽车而言，新能源汽车采用了大容量、高电压的动力电池及高压电机和电驱动控制系统，并采用了大量的高压附件设备，如：电动空调、PTC 电加热器及 DC/DC 变换器等。由此而隐藏的高压安全隐患问题和可能造成的高压电伤害问题完全有别于传统燃油汽车。在新能源汽车维护中，一级维护以外观检查、软件诊断为主。二级维护则是指以气密性检测、无损检查、容量测试等为主的维保作业。这二者比较专业，检查项目多，建议到 4S 店里做维保。为保持最佳状态，新能源汽车需要像燃油汽车那样定期维护，例如每年或行驶 20000 km 更换空调滤芯，每两年或行驶 30000 ~ 40000 km 更换制动液，每次保养检查底盘、灯光、轮胎等常规部件。

通常情况下，新能源汽车二级维护项目包括制动系统检查、空调系统检查、充电系统检查、底盘部分检查、车身部分检查、动力电池系统检查、冷却系统检查、转向系统检查、附加项目检查等 9 个大项目，共计近 50 个小项。本项目包含五个任务，即车辆顶起位置一作业维护、车辆顶起位置二作业维护、车辆顶起位置三作业维护、车辆顶起位置四作业维护、车辆顶起位置五作业维护。

本项目根据国家标准、行业标准和新能源汽车厂家维修手册等相关技术要求，按照新能源汽车二级维护的作业内容在不同举升位置对车辆进行指定维护作业，并根据新能源汽车维护的要求对出现故障的高压线束或高压组件进行更换。

学习目标

知识目标：

1. 理解新能源汽车二级维护的意义。
2. 了解新能源汽车高压系统的组成、分布及各高压部件的功用。
3. 熟悉高压组件测量标准、测量位置以及测量参数的判别。

技能目标：

1. 学会正确使用维护作业仪器设备及工具。
2. 学会规范完成维护作业项目。

素养目标：

1. 通过本项目学习，实现小组成员会检查并规范使用防护用品、维护作业设备，有安全意识，能够规范完成本项目。

2. 通过本项目学习，实现小组成员合理分工共同协作完成工作任务，培养团队合作意识。

任务1　车辆顶起位置一作业维护

作业案例

王先生的吉利帝豪 EV450 购买时间已满 2 年，行驶里程为 15000 km，目前车辆无法进行交流充电。作为维修技师的你，可以检修该车的充电系统故障吗？

知识准备

学习资料1　新能源汽车电动化系统的组成

以吉利帝豪 EV450 为例，电动化系统由动力电池、高压配电系统、电机控制系统、驱动电机、冷却系统（电机/电池）和充电系统等组成。

1. 动力电池

该车动力电池采用三元锂电池，以钴酸锂、锰酸锂或镍酸锂等化合物为正极，以可嵌入锂离子的碳材料为负极，使用有机电解质，电池铭牌如图 3-1-1 所示。动力电池的组成部件包括：各模组总成、CSC 采集系统、电池控制单元（BMU）、电池高压分配单元（B-BOX）和电池管理系统（BMS）。

图 3-1-1　电池铭牌

电池单体：直接将化学能转化为电能的基本单元装置，包括电极、隔膜、电解质、外壳和端子，并被设计成可充电。

电池模组：将一个以上电池单体按照串联、并联或串并联方式组合，且只有一对正负极输出端子，并作为电源使用的组合体。

CSC 采集系统：CSC 意为“电池单体监控电路”，每一个电池单元有多个 CSC 采集系统，以监测其中每个电池单体或电池组单体电压、温度信息。CSC 采集系统将相关信息上报电池控制单元，并根据 BMU 的指令执行单体电压均衡。

电池控制单元：安装于动力电池总成内部，是电池管理系统核心部件，电池控制单元（BMU）将单体电压、电流、温度及整车高压绝缘等信息上报整车控制器（VCU），并根据 VCU 的指令完成对动力电池的控制。

电池高压分配单元：安装在动力电池总成的正负极输出端，由高压正极继电器、高压负极继电器、预充继电器、电流传感器和预充电阻等组成。

电池管理系统：BMS 能够对动力电池组总电压、总电流、每个测点温度和电池单体的电压参数进行实时监控，并进行故障诊断、SOC 计算、短路保护、漏电监测、报警显示、充放电模式选择等。BMS 可以将动力电池相关参数上报 VCU，由 VCU 控制动力电池的充电和放电功率。

2. 高压配电系统

纯电动汽车有一套高压配电系统。高压配电系统由动力电池为电机控制器、驱动电机、电动压缩机、PTC(正温度系数)加热器等高压部件提供能量。高压配电系统示意图如图 3-1-2 所示。此外动力电池还有一套直流快充充电系统和一套交流慢充充电系统。这些所有的高压部件都由高压配电系统连接输送电能。

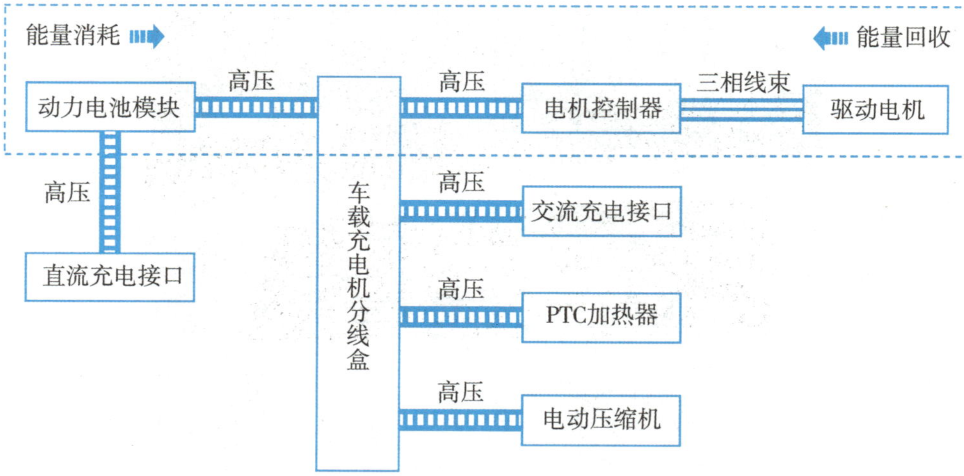

图 3-1-2　高压配电系统示意图

高压配电系统主要由以下部件组成:车载充电机分线盒、直流充电接口、交流充电接口、直流母线、电机三相线。如图 3-1-3 所示。

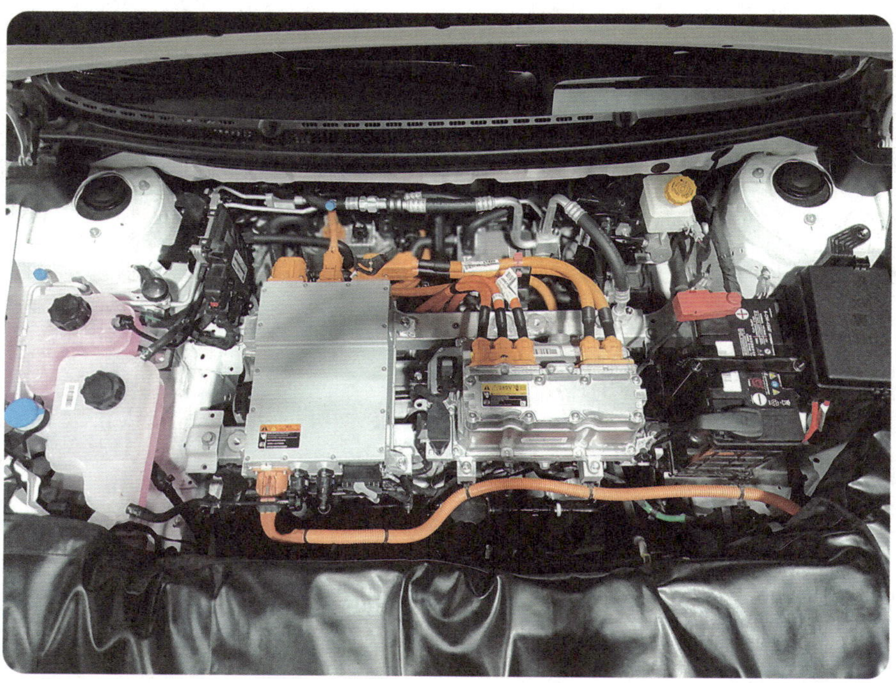

图 3-1-3　高压配电系统(机舱)

3. 电机控制系统

吉利帝豪 EV450 轿车的电机控制器安装在汽车前舱内，如图 3-1-4 所示，采用 CAN 通信控制，控制着动力电池组到电机之间能量的传输，同时采集电机位置信号和三相电流检测信号，精确地控制驱动电机运行。电机控制器是一个既能将动力电池中的直流电转换为交流电以驱动电机，同时具备将车轮旋转的动能转换为电能（交流电转换为直流电）给动力电池充电的设备。电机控制器内部包含 1 个 DC/AC 逆变器和 1 个 DC/DC 变换器，逆变器由 IGBT（绝缘栅双极型晶体管）、直流母线电容、驱动和控制电路板等组成，实现直流（可变的电压、电流）与交流（可变的电压、电流、频率）之间的转变。

图 3-1-4 电机控制器和 DC/DC（二合一）

IGBT 是由 BJT（双极型三极管）和 MOS（金属氧化物半导体）组成的复合全控型电压驱动式功率半导体器件，兼有 MOSFET（功率场效应晶体管）的高输入阻抗和 GTR（电力晶体管）的低导通压降两方面的优点。IGBT 是能源变换与传输的核心器件，俗称电力电子装置的“CPU”，作为国家战略性新兴产业，在轨道交通、智能电网、航空航天、新能源汽车与新能源装备等领域应用极广。

DC/DC 变换器集成在电机控制器内部，其功能是将电池的高压电转换成低压电，提供整车低压系统供电。

4. 驱动电机

电动机旋转磁场和定子线圈共同作用产生扭矩。与传统燃油汽车不同,电动机没有怠速。即使车辆由静止到起步的临界状态,电机也可产生最大驱动扭矩,保证给车辆提供较好的加速度。当三相交流电被接入到定子线圈中,即产生了旋转的磁场,这个旋转的磁场牵引转子内部的永磁体,产生和旋转磁场同步的旋转扭矩。使用旋变传感器检测转子的位置,使用电流传感器检测线圈电流的大小,从而控制驱动电机的扭矩输出。

旋变信号的作用是反映驱动电机转子当前的旋转相位,电机控制器再通过旋变信号计算当前的驱动电机转速。旋变转子与驱动电机转子同轴连接,随电机转轴旋转。旋变定子内侧有感应线圈,安装在驱动电机定子上。驱动电机旋转时,带动旋变转子旋转。旋变器与电机控制器中间通过 6 根导线组成的低压线束连接,2 根是电机控制器激励信号,另外 4 根分别是旋变器输出的正弦信号和余弦信号。

5. 冷却系统 (电机/电池)

冷却系统(电机/电池)有两个电动水泵,电动水泵由低压电路驱动,为冷却液循环提供压力。冷却风扇由整车控制模块(VCU)利用冷却风扇低速继电器和冷却风扇高速继电器直接控制。在低速电路中,采用串联电阻调速的方式来改变风扇的转速。

6. 充电系统

快充(直流高压充电):当直流充电设备接口连接到整车直流充电口,直流充电设备发送充电唤醒信号给 BMS,BMS 根据动力电池的可充电功率,向直流充电设备发送充电电流指令。同时,BMS 控制高压正极继电器和高压负极继电器吸合,动力电池开始充电。充电时间:40 分钟左右可充电 80%。

慢充(交流高压充电):当车辆处于交流充电模式下,车载充电机检测交流充电接口的 CC、CP 信号(充电枪插入、导通信号)并唤醒 BMS,BMS 唤醒车载充电机并发送指令充电,同时闭合主继电器,动力电池开始充电。充电时间:预估 8~12 h 可充满。

低压充电:高压上电前,低压电路系统依赖 12 V 铅酸蓄电池供电;当高压上电后,电机控制器将动力电池的高压直流电转换成低压直流电,为 12 V 铅酸蓄电池充电。

智能充电:长期停放的车辆容易造成低压蓄电池亏电,当低压蓄电池严重亏电时,将导致车辆无法上电。为避免这一问题,新能源汽车应具有智能充电功能。

制动能量回收:能量回收系统是在车辆滑行或制动过程中,驱动电机从驱动状态转变成发电状态,将车辆的动能转换为电能储存在动力电池中。

充电锁功能:在车辆充电过程中,为防止充电枪意外拔出,车辆具有充电枪锁功能。

学习资料2　新能源汽车高压断电流程

在对新能源汽车进行维修作业前,为了保证维修安全,需要对车辆进行高压断电操作。

1. 作业前准备

(1)检查场地,确认举升机能否正常工作,作业环境是否符合要求。

(2)设置警戒线,放置警示牌,检查绝缘垫绝缘情况是否正常(使用绝缘测试仪在绝缘垫上选择五点测量绝缘电阻)。

(3)操作员检查自身情况,确保没有佩戴金属饰品、钥匙等。

(4)检查绝缘工具是否齐全,仪器仪表功能是否正常。

(5)设置一名安全监护员。

2. 切断低压电源

(1)取下车钥匙并妥善保管,遵循“谁操作谁保管”的原则。

(2)打开机舱盖,安装翼子板布和前格栅布。

(3)拆卸低压电池负极线,并做绝缘处理。

3. 穿戴安全防护套装

(1)检查并穿上绝缘鞋。

(2)检查并佩戴护目镜。

(3)检查并佩戴绝缘安全帽。

(4)检查绝缘手套(AC1000 V以上)是否破损、漏气,佩戴绝缘手套。

4. 拆卸维修开关

(1)拆卸维修开关,并放置在安全位置。

(2)有些车型没有安装维修开关,可以拆下高压配电盒的低压控制插接件。

5. 拆卸动力电池高、低压线束插接器

(1)举升车辆。

(2)拆卸动力电池低压线束插接器。

(3)拆卸动力电池高压电缆插接器。

6. 验电

(1)电源端:用万用表测量动力电池电源端HV+与HV-之间的电压,不应超过5 V。

(2)负载端:用万用表测量动力电池负载端HV+与HV-之间的电压,不应超过5 V。

(3)动力电池高压电缆两端做绝缘处理。

(4)降下车辆。

任务实施

作业准备

技能实训 1　作业准备

步骤 1：场地准备。

（1）在新能源汽车维修工位，设置隔离栏，放置安全警示牌，如图 3-1-5 所示。

（2）检查灭火器压力值，确保能正常使用，如图 3-1-6 所示。

图 3-1-5　设置安全警示牌

图 3-1-6　检查灭火器

（3）在车辆轮胎前后正确放置车轮挡块，如图 3-1-7 所示。

图 3-1-7　放置车轮挡块

步骤 2：防护套装准备。

（1）依次检查绝缘手套、护目镜、绝缘安全帽和绝缘鞋，确保安全、有效，如图 3-1-8 所示。

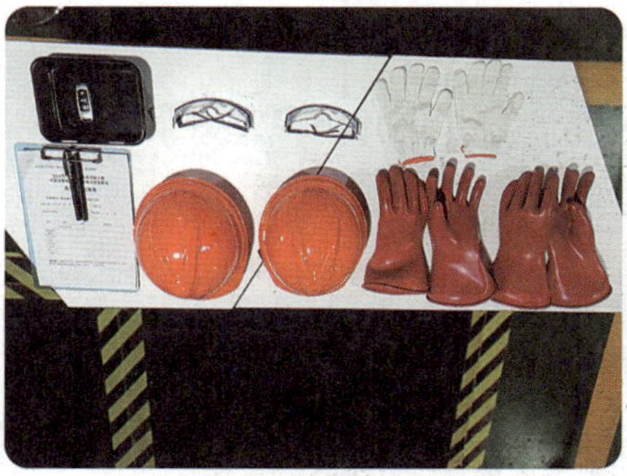

a. 防护套装

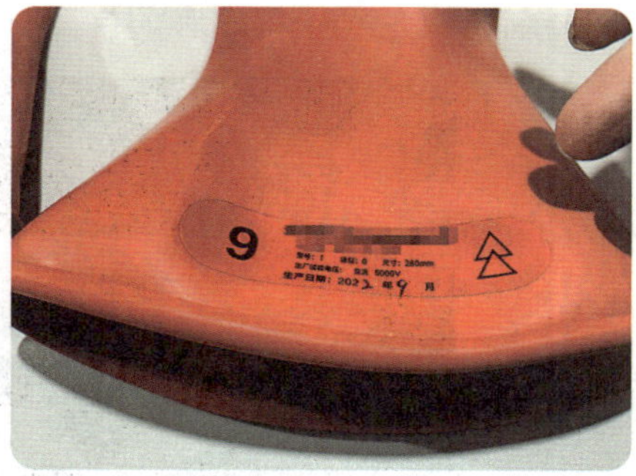

b. 绝缘手套

c. 绝缘安全帽

d. 绝缘鞋

图 3-1-8 防护套装准备

(2)铺设车内四件套(地板垫、座椅套、转向盘套和挡杆套),如图 3-1-9 所示。

图 3-1-9 车内防护四件套

(3)铺设左、右翼子板布和前格栅布,如图 3-1-10 所示。

图 3-1-10　铺设左、右翼子板布和前格栅布

步骤 3:仪器仪表准备。

(1)绝缘测试仪:依次进行外观检查、开路检测和短路检测,确保仪器正常。使用绝缘测试仪测试绝缘垫(选择五个点)的绝缘性,如图 3-1-11 所示。

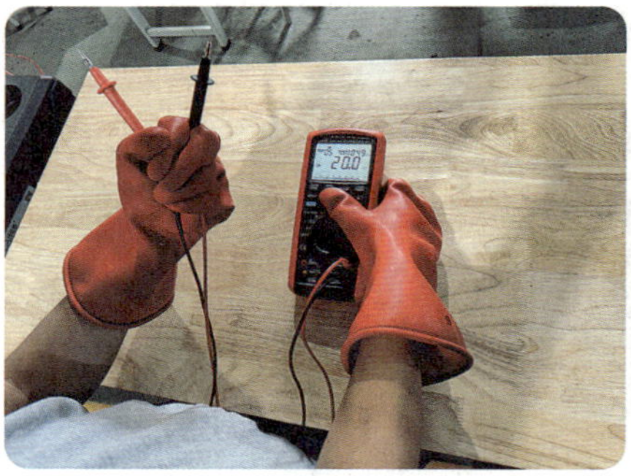

a. 绝缘测试仪开路检测

b. 绝缘测试仪短路检测

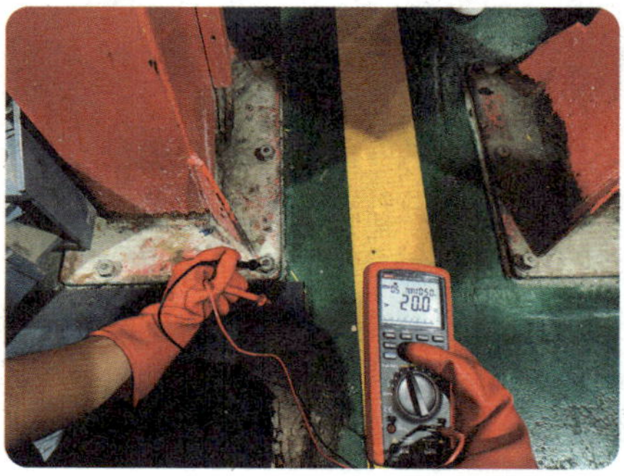

c. 测试绝缘垫的绝缘性

图 3-1-11　使用绝缘测试仪

(2)接地电阻测试仪:依次进行外观检查、开路检测和短路检测,确保仪器正常,如图 3-1-12 所示。

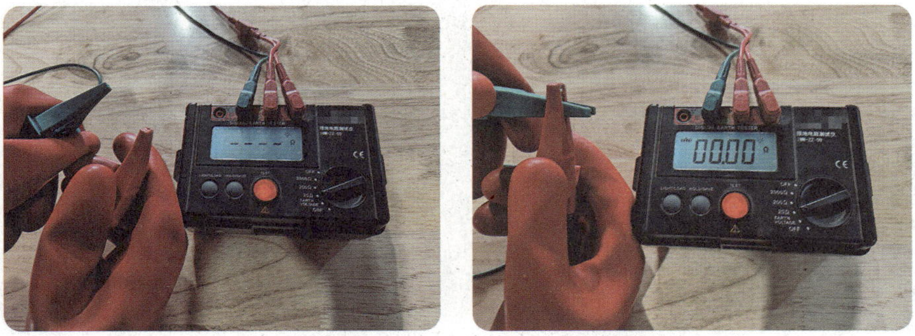

a. 接地电阻测试仪开路检测　　b. 接地电阻测试仪短路检测

图 3-1-12　使用接地电阻测试仪

(3)数字万用表:依次进行外观检查、万用表校准和带电检测,确保仪器正常,如图 3-1-13 所示。

a. 数字万用表校准　　b. 数字万用表带电检测

图 3-1-13　使用数字万用表

步骤 4:记录车辆信息。

(1)记录车身铭牌(右侧 B 柱下沿处)上的车辆型号、车辆识别码、电机型号、工作电压等信息,如图 3-1-14 所示。

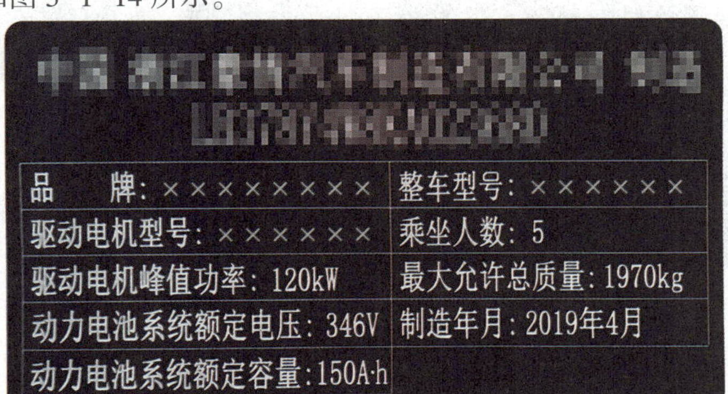

图 3-1-14　车身铭牌

(2)记录仪表上的里程表读数。

步骤 5:外检作业。

(1)环视检查翼子板、车门、前后盖、挡风玻璃、保险杠等全车车身外观状况,如图 3-1-15 所示。

a. 检查车身前部

b. 检查车身左前部

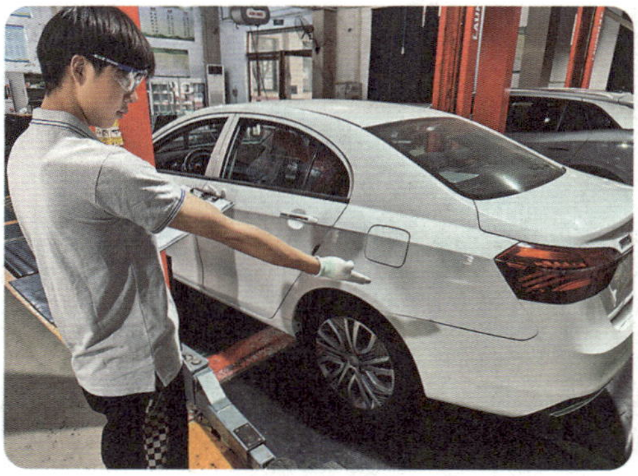

c. 检查车身左后部

d. 检查车身后部

e. 检查车身右后部

f. 检查车身右前部

图 3-1-15　外检作业

(2)检查轮胎外观和气压值,如果需要进行调整,应按照轮胎气压标准值调整轮胎气压,标准值标注在驾驶员侧门框上的标牌上,如图 3-1-16 所示。

a. 检测轮胎气压

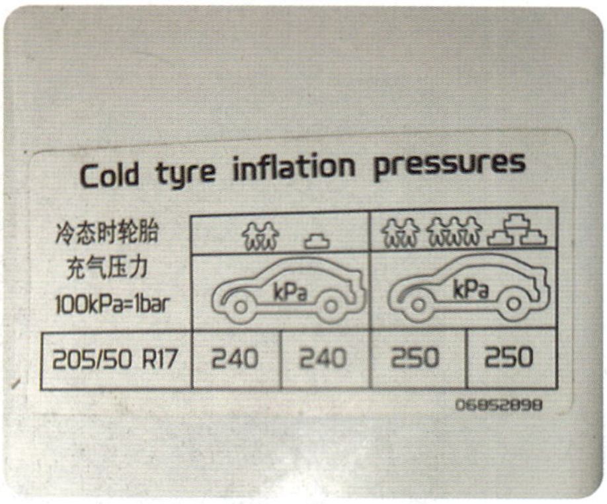

b. 轮胎气压标准值

图 3-1-16　检查轮胎

步骤 6:安全准备。

(1)降下驾驶员侧车窗。

(2)确认电子手刹处于工作状态。

技能实训 2　机舱检测

机舱检测

步骤 1:前舱附件检查。

检查前舱盖锁状态是否正常、紧固件安装是否牢靠,如图 3-1-17 所示。

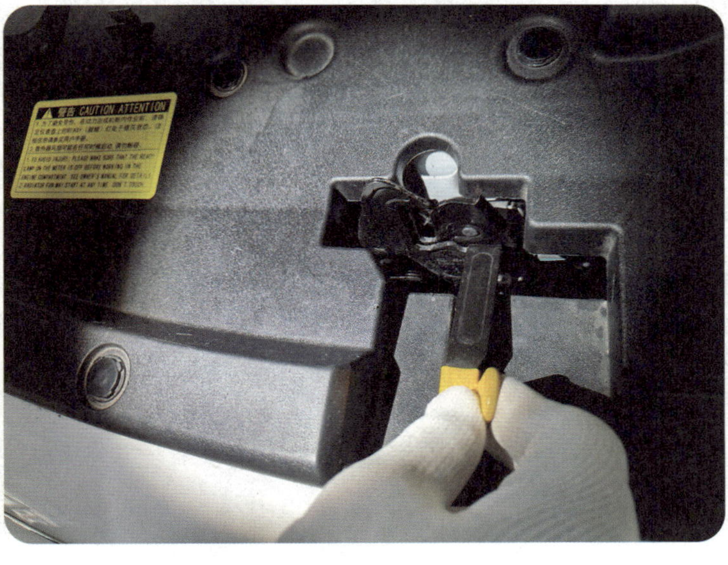

图 3-1-17　检查前舱盖锁

步骤 2：前舱油液检查。

(1)检查制动液液位是否正常，如图 3-1-18 所示。

图 3-1-18　检查制动液液位

(2)检查冷却液液位是否正常，如图 3-1-19 所示。

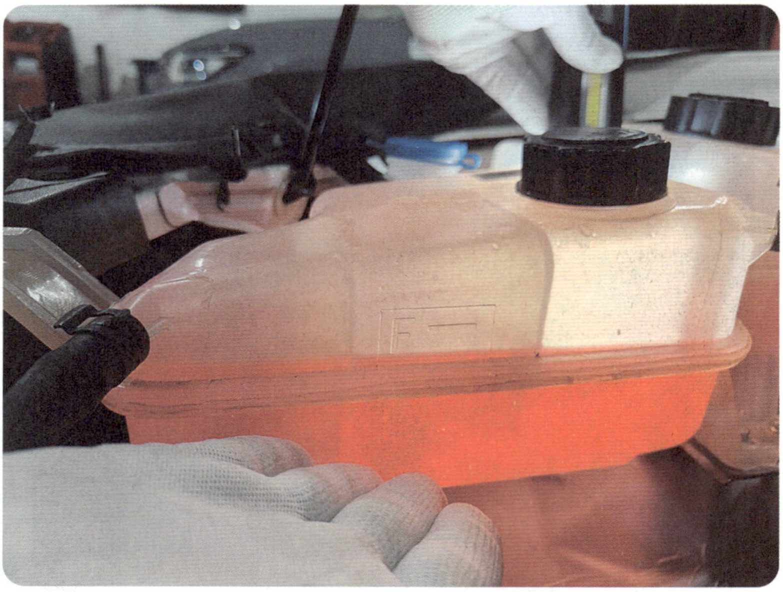

图 3-1-19　检查冷却液液位

(3)用冰点仪检查冷却液冰点是否符合维修手册规定,如图 3-1-20 所示。

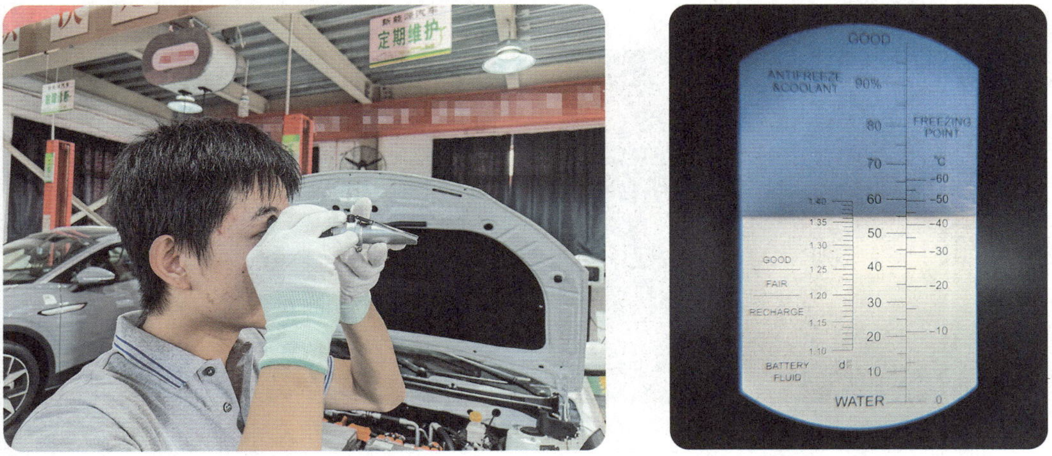

a. 检查冷却液冰点　　b. 读取冷却液冰点

图 3-1-20　检查冷却液冰点

(4)检查冷却系统各软管的安装、连接情况是否正常,有无裂纹、损伤和泄漏,如图 3-1-21 所示。

图 3-1-21　检查冷却系统各软管

(5)检查风窗清洗液液位是否正常。

步骤 3:高压组件检查。

(1)检查高压控制盒、车载充电机、电机控制器、DC/DC 变换器等各高压组件外观是否变形,是否有油液脏污。

(2)检查高、低压线束外观是否正常、固定是否牢靠、插接器是否松动,如图 3-1-22 所示。

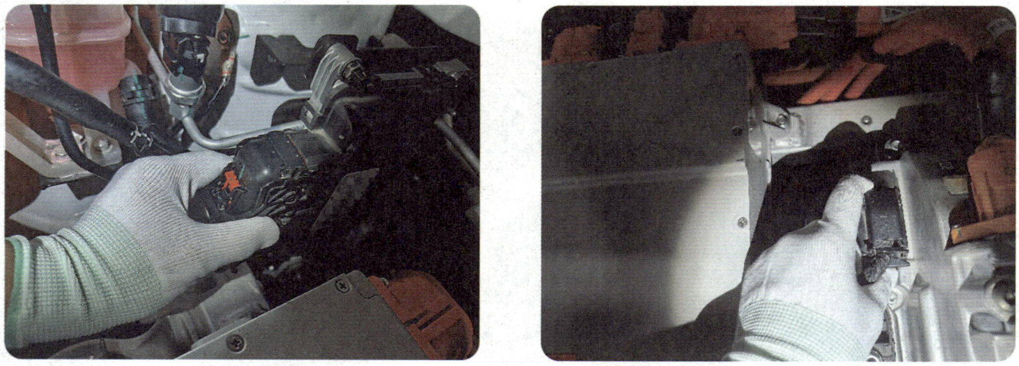

a. 检查 VCU 插接器　　b. 检查电机控制器低压插接器

图 3-1-22　检查插接器

步骤 4:低压电源检查。

(1)检查低压电池外观是否正常、固定是否牢靠,如图 3-1-23 所示。

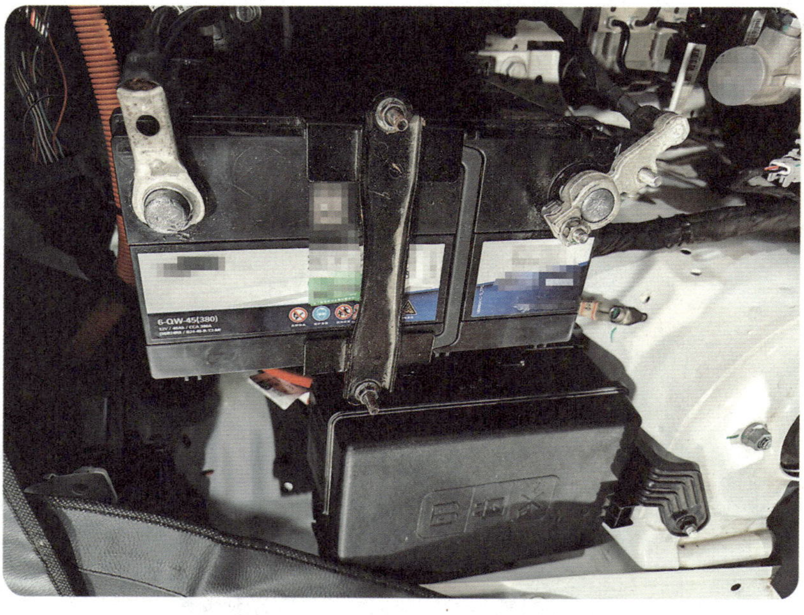

图 3-1-23　检查低压电池外观

(2)用万用表检查低压电池静态电压,应为 12 V 左右,如图 3-1-24 所示。

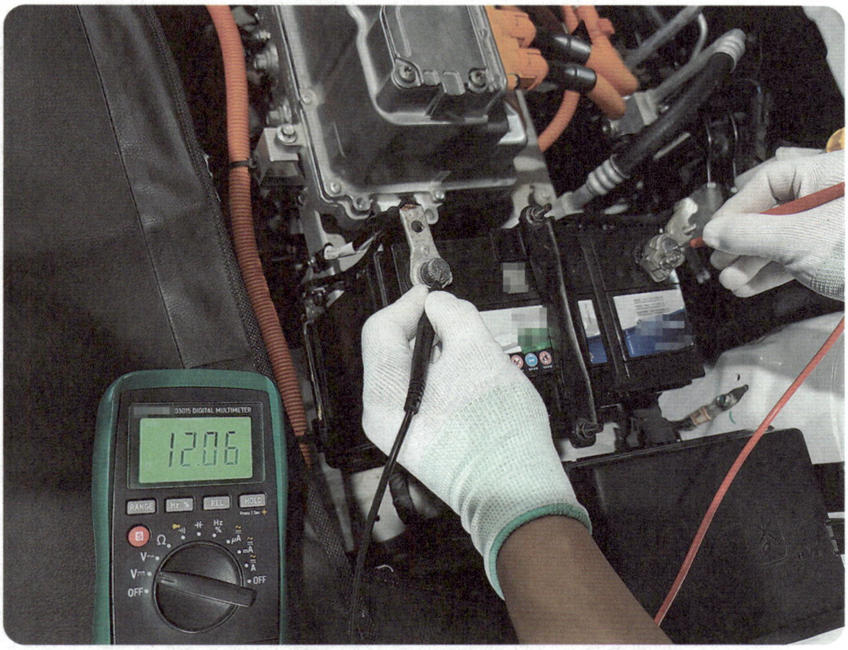

图 3-1-24　检查低压电池静态电压

(3)整车上电后,用万用表检查低压电池上电电压,应为 14 V 左右,如图 3-1-25 所示。

图 3-1-25　检查低压电池动态电压

技能实训 3　车内检测

车内检测

步骤 1：转向系统检查。

(1) 检查转向柱倾斜及锁止情况是否正常。

(2) 检查转向盘自由转动量是否符合维修手册规定。

步骤 2：高压启动指示灯检查。

(1) 整车上电后，检查仪表上的“READY”指示灯是否正常点亮，如图 3-1-26 所示。

图 3-1-26　检查“READY”指示灯

(2) 整车上电后，检查仪表上的系统故障指示灯是否点亮后熄灭，如图 3-1-27 所示。

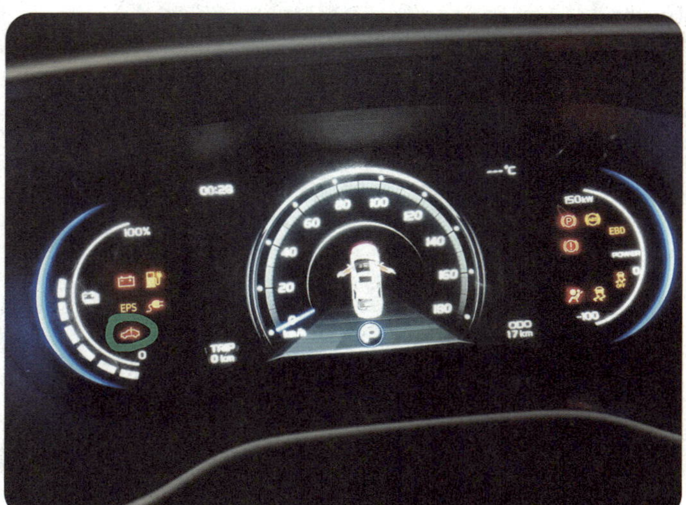

图 3-1-27　检查系统故障指示灯

步骤 3:空调系统检查。

(1)检查空调系统风量、模式、内外循环是否工作正常,如图 3-1-28 所示。

(2)分别打开空调 AC 和 AUTO 开关,调节温度,检查空调冷暖功能和除霜功能是否正常,如图 3-1-28 所示。

图 3-1-28 空调系统检查

步骤 4:故障诊断仪检测。

(1)连接故障诊断仪,读取动力电池、电机控制器、车载充电机、整车控制器等高压各管理系统的故障码,记录后清除,如图 3-1-29 所示。

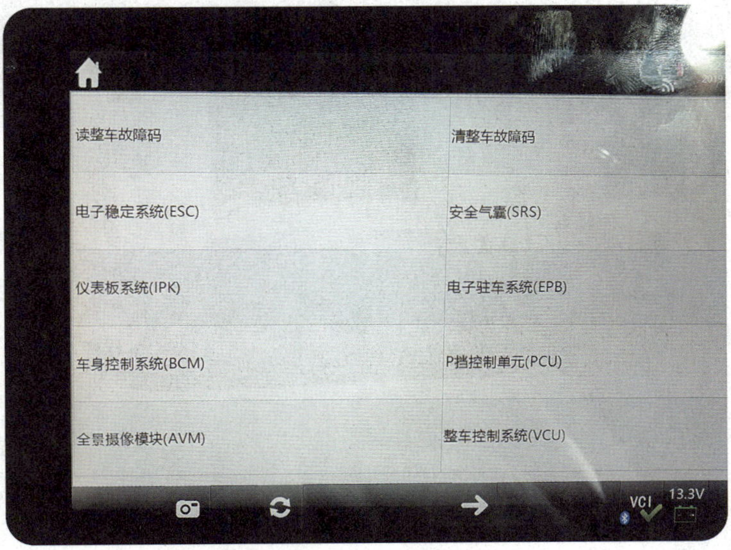

图 3-1-29 检查故障码

(2)在故障诊断仪中进入动力电源管理系统，读取并记录单体电池电压的最大值和最小值、电池包温度的最大值和最小值、电池包总电压、SOC值等数据，如图3-1-30所示。

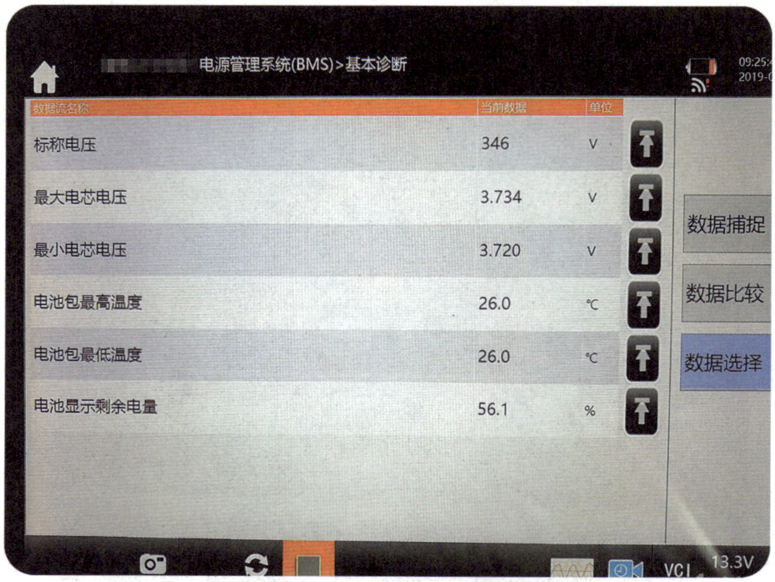

图3-1-30　读取数据流

步骤5：刮水器系统检查。

(1)操作刮水器开关，检查刮水器运行是否顺畅、刮水器喷水是否均匀有力，是否超出喷射范围，如图3-1-31所示。有必要的话，调整喷水嘴位置。

图3-1-31　检查刮水器喷水情况

(2)检查刮水器挡位分布,点动挡、间歇挡、低速挡、高速挡等,逐一检查各挡位工作情况是否正常,如图 3-1-32 所示。

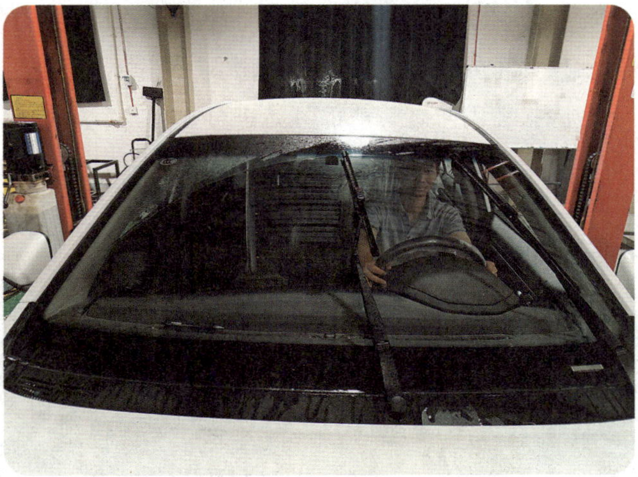

图 3-1-32 检查刮水器各挡位工作情况

(3)检查刮水器刮拭状况及最终是否正确回位。

(4)在前挡风玻璃上放置干净的抹布,竖起刮水器,仔细检查刮水片和刮水器臂,必要的话更换刮水片,如图 3-1-33 所示。

安全提醒:在刮水器竖起时务必小心操作,防止刮水器臂意外落下而损坏前挡风玻璃。

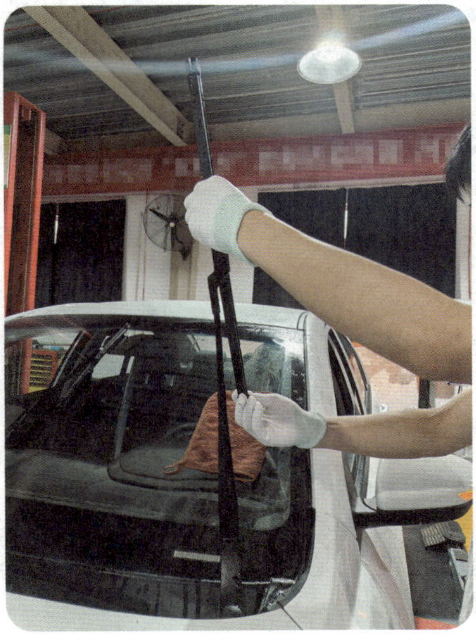

图 3-1-33 检查刮水片

步骤 6:照明系统检查。

(1)外部灯光:检查车外照明及信号灯时,需由两人配合进行,一人坐在驾驶室内操作车灯控制开关,另一人在车外检查。检查时,打开车灯开关,依次检查全车各部位的灯光。

①车身前部灯光:按照车外人员手势要求,依次对示宽灯、近光灯、远光灯、雾灯、变光灯、左右转向灯和危险报警闪光灯等前部灯光进行检查,其中示宽灯、远光灯、雾灯、变光灯、左右转向灯和危险报警闪光灯在点亮的同时,相应的仪表指示灯也应点亮,如图 3-1-34 所示。

a. 检查示宽灯

b. 检查近光灯

c. 检查远光灯

d. 检查左前转向灯

e. 检查右前转向灯

f. 检查应急灯

图 3-1-34　检查车身前部灯光

②车身后部灯光：按照车外人员手势要求，依次对尾灯、牌照灯、后雾灯、制动灯、倒车灯、左右转向灯、危险报警闪光灯和行李箱灯等车身后部灯光进行检查，其中尾灯、后雾灯、左右转向灯和危险报警闪光灯在点亮的同时，相应的仪表指示灯也应点亮，如图3-1-35 所示。

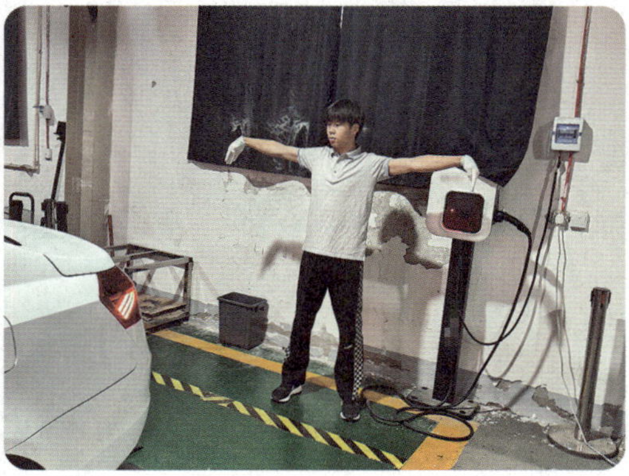

a. 检查示宽灯

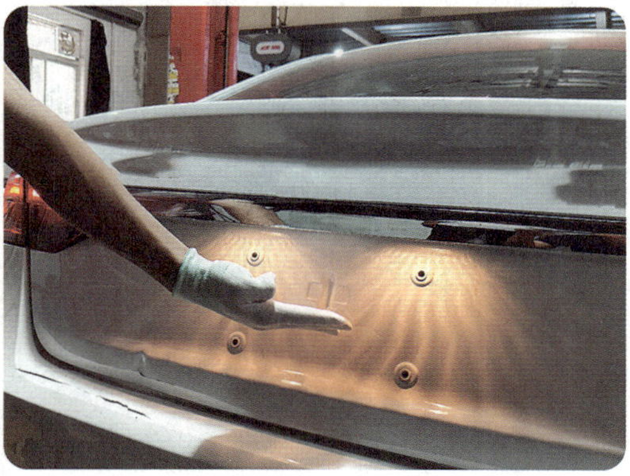

b. 检查牌照灯

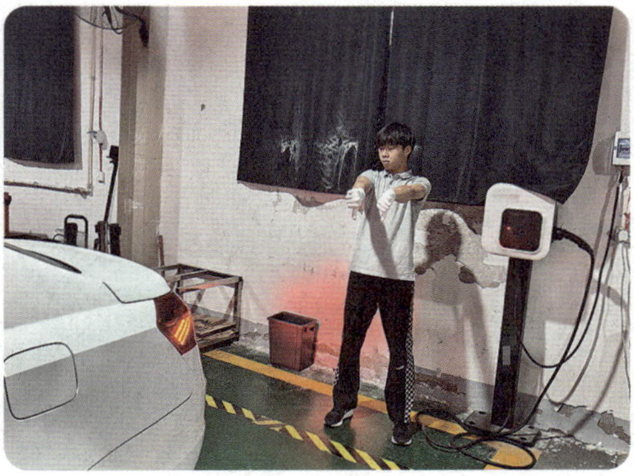

c. 检查后雾灯

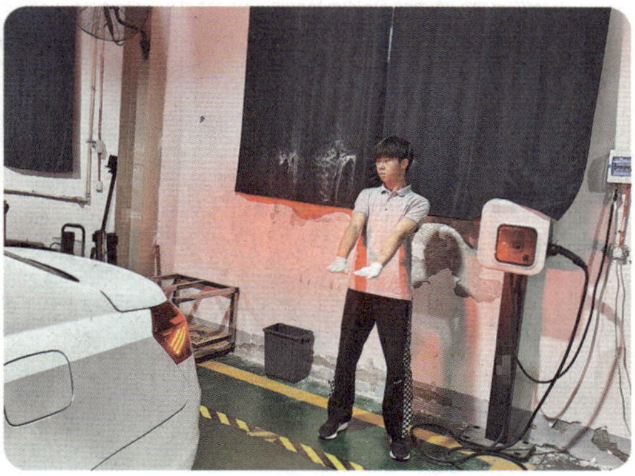

d. 检查制动灯

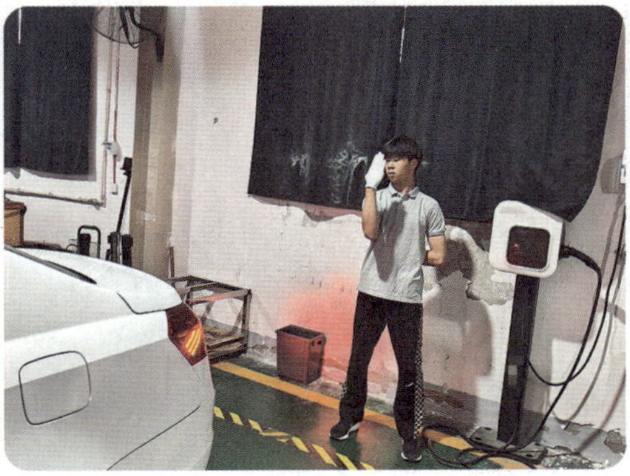

e. 检查倒车灯

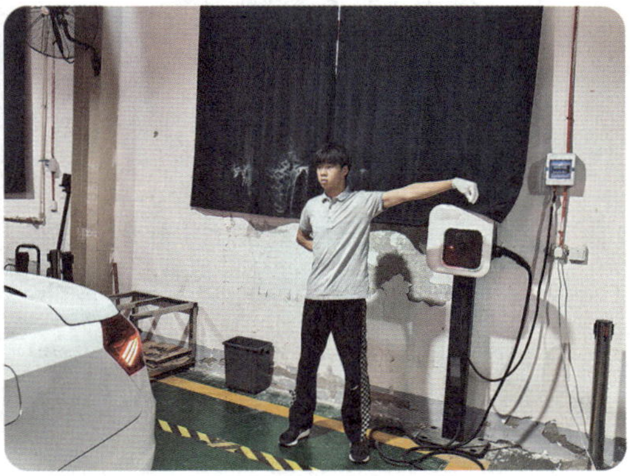

f. 检查左后转向灯

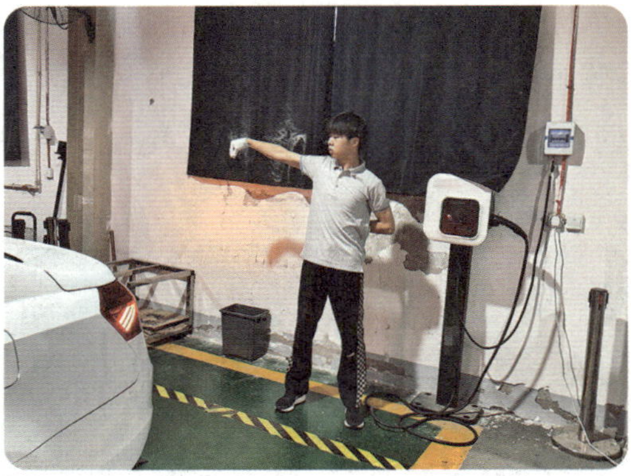

g. 检查右后转向灯

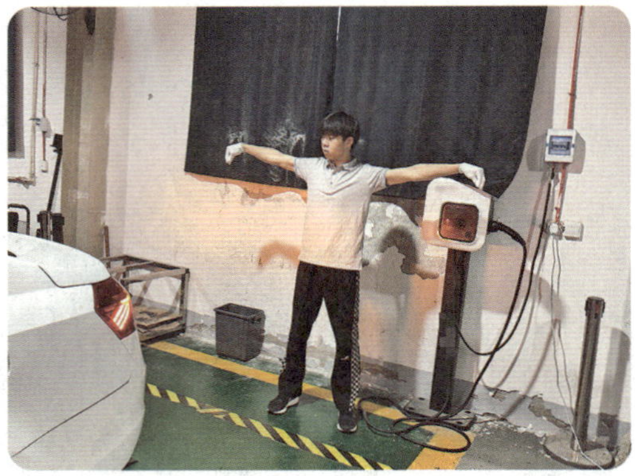

h. 检查危险报警闪光灯

图 3-1-35　检查车身后部灯光

(2)内部灯光。首先对仪表灯进行检查。

将灯光组合开关旋到示宽灯挡位,调节仪表灯亮度调节旋钮,仪表背景灯亮度应变亮或变暗,如图 3-1-36 所示。

a. 仪表灯亮度调节旋钮

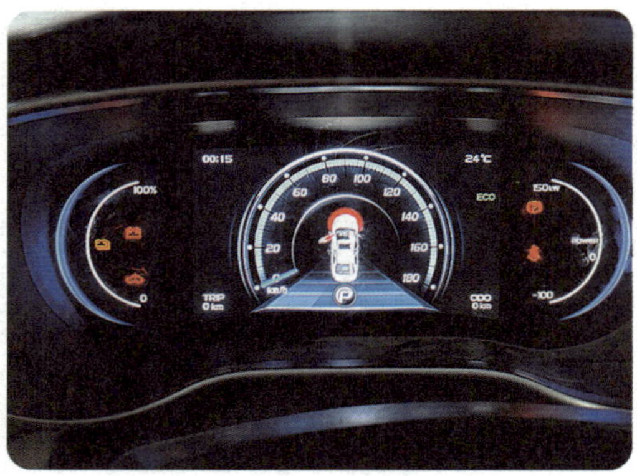

b. 仪表背景灯亮度调节

图 3-1-36　检查仪表灯

其次,对前、后阅读灯进行检查。

前阅读灯:前阅读灯分左右两个,通过两个开关单独控制。打开某侧开关,该侧阅读灯单独亮起。关闭某侧开关,该侧阅读灯单独熄灭。阅读灯中间有个门控开关,按下门控开关后,若打开车门,两个阅读灯同时亮起,关闭车门,两个阅读灯同时延时关闭。

后阅读灯:后阅读灯也分左右两个,通过两个开关单独控制。打开某侧开关,该侧阅读灯单独亮起。关闭某侧开关,该侧阅读灯单独熄灭。如图 3-1-37 所示。

a. 检查前阅读灯

b. 检查后阅读灯

图 3-1-37　检查前、后阅读灯

技能实训 4　高压检测

高压检测

步骤 1：充电系统检查。

（1）充电接口：依次检查直流和交流充电接口处是否有异物、烧蚀等情况，充电接口照明灯是否点亮，如图 3-1-38 所示。

图 3-1-38　检查充电接口

（2）充电功能：连接充电枪至交流充电口，打开充电桩电源，观察充电是否正常。检查仪表上红色充电连接指示灯是否点亮、充电口照明灯是否变为绿色、仪表上黄色充电状态指示灯是否点亮、仪表上充电电压和充电电流是否正常显示（关闭车门），如图 3-1-39 所示。

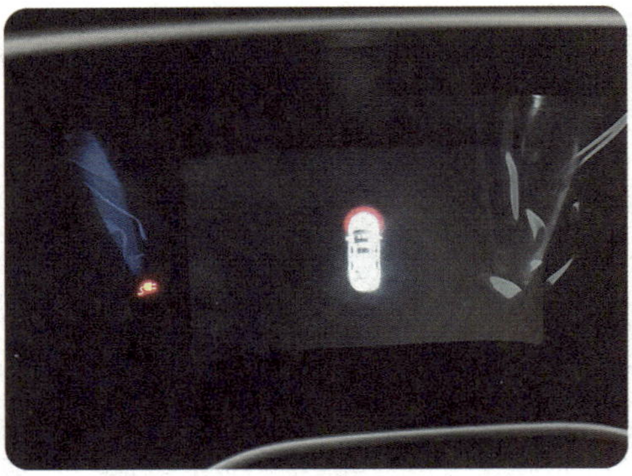

a. 检查充电连接指示灯

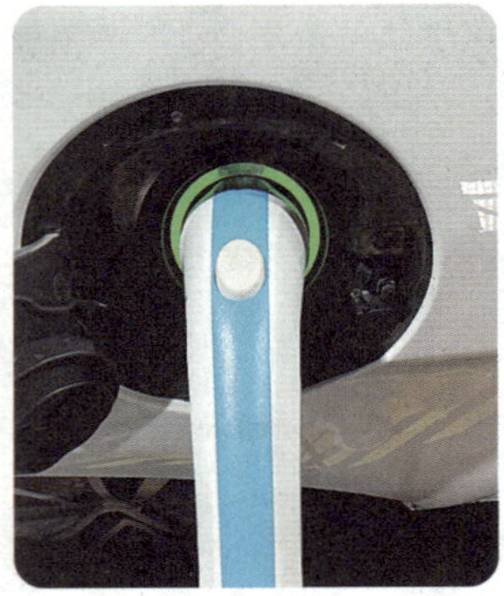

b. 检查充电接口照明灯

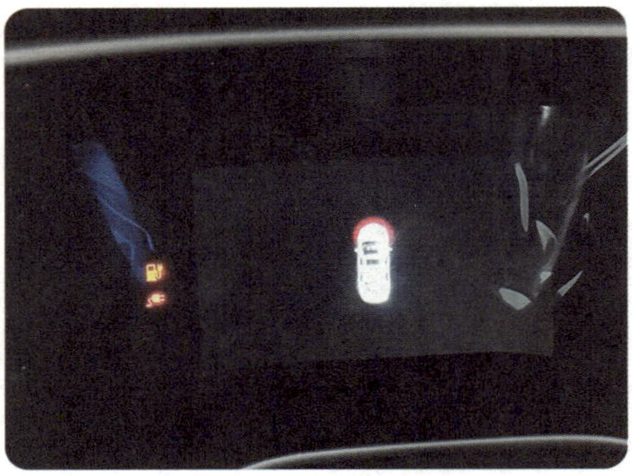

c. 检查充电状态指示灯

图 3-1-39　检查充电功能

步骤 2：高压断电。

（1）取下钥匙并妥善保管（遵循“谁操作谁保管”的原则）。

（2）拆卸低压电池负极连接线，并做绝缘处理，如图 3-1-40 所示。

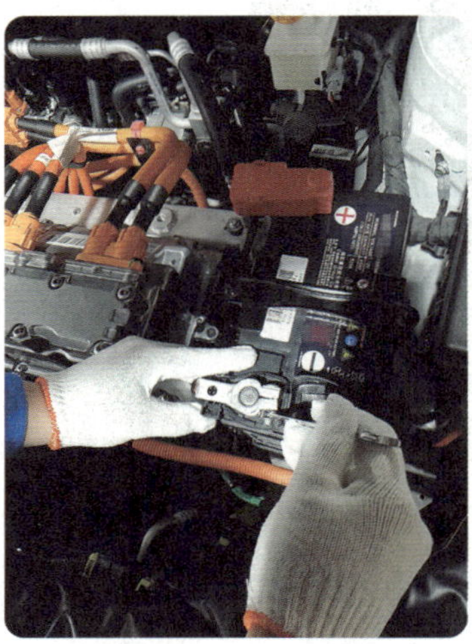

a. 拆卸低压电池负极连接线

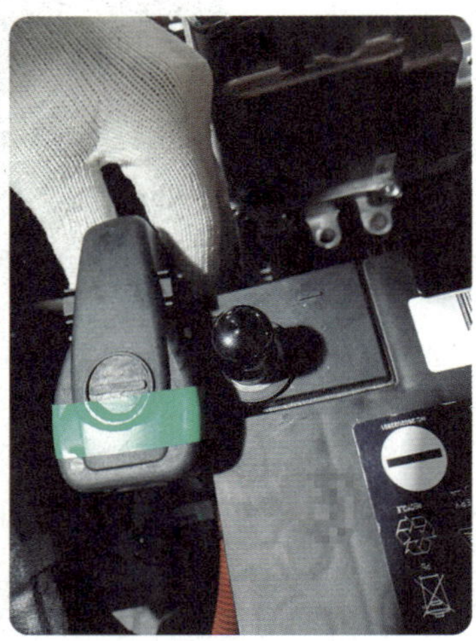

b. 绝缘处理

图 3-1-40　拆卸低压电池负极连接线并做绝缘处理

(3)等待 5 min。

(4)高压验电:用万用表检测验证高压断电情况,确保维修安全。

①电源端:用万用表测量动力电池 HV+与 HV-之间的电压,应不超过 5 V,如图 3-1-41 所示。

②负载端:用万用表测量高压控制盒 HV+与 HV-之间的电压,应不超过 5 V,如图 3-1-42 所示。

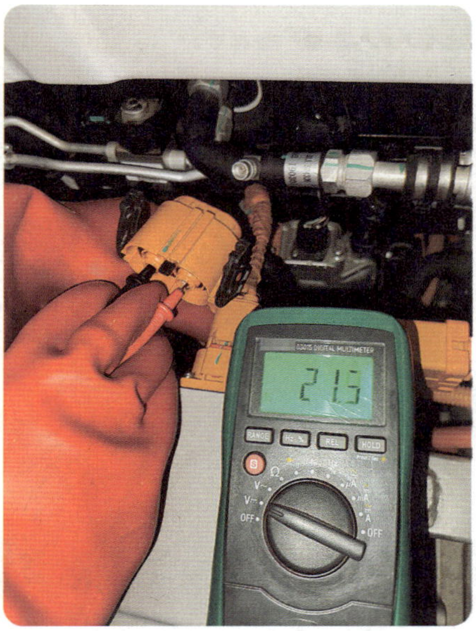
图 3-1-41　测量电源端电压

图 3-1-42　测量负载端电压

案例分析

针对王先生的吉利帝豪 EV450 无法进行交流充电的故障,分析如下:

(1)车辆充电异常是指车辆正确连接充电枪或充电桩后不能对车辆进行充电。车辆充电异常现象可以分为三类:车辆不能“READY”、车辆不显示充电和车辆显示充电电流小。

(2)车辆不能正常充电的原因主要有四种:车辆外部设备故障、车辆 VCU 故障、电池自身故障及通信故障。

(3)当车辆充电异常时,首先对车辆外部设备进行检查,主要包括外部交流电源、交流充电桩、交流充电枪等。排除外部故障后,再对车上的充电接口、交流充电线、车载充电机、动力电池、VCU 及 BMS 等进行检查。

超级链接

新能源汽车充电时的注意事项

在对新能源汽车进行充电时，为防止出现人身及车辆伤害，需要注意以下事项：

(1) 使用正规充电站的充电设备。

(2) 连接充电枪时先按下按钮再慢慢接入充电接口。

(3) 充电枪内含电子锁，在控制端未结束充电时请勿强行拔下充电枪。

(4) 不建议使用直流充电将动力电池充至满电。

(5) 新能源汽车充电时，人员最好不要在车内停留。

(6) 雷雨天气，严禁在户外对新能源汽车进行充电。

(7) 严禁湿手操作充电枪。

(8) 新能源汽车在高温暴晒后请勿马上充电。

任务 2　车辆顶起位置二作业维护

作业案例

王先生的吉利帝豪 EV450 已行驶里程为 60000 km。按照车辆维修手册要求，该车辆需要进行冷却液和减速器油的更换并对底盘进行检查。这是一辆纯电动汽车，作为维修技师，你知道如何进行相关的检修吗？

知识准备

学习资料 1　新能源汽车冷却液的作用和类型

1. 新能源汽车冷却系统的组成

新能源汽车冷却系统一般由电动水泵、散热器、膨胀罐、冷却风扇和管路等部件组成，如图 3-2-1 所示。

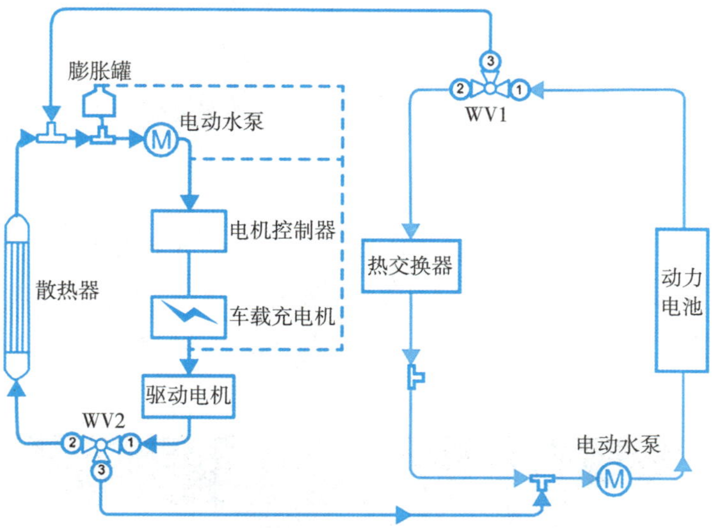

图 3-2-1　冷却系统示意图

2. 新能源汽车冷却液的作用

新能源汽车冷却液是一种由醇(常用乙二醇和丙二醇)、水和适当添加剂组成的防冻冷却液,其通常用于降低新能源汽车行驶过程中电池、电机、电控单元等产生的热量,减少车辆行驶过热现象产生,提升车辆的使用寿命,新能源汽车冷却液还具有以下作用:

(1)冬季防冻。为了防止汽车在冬季停车后,冷却液结冰而造成水箱、冷却液循环管路胀裂,所以冷却液的冰点应低于该地区最低温度 10 ℃左右。

(2)防腐蚀。冷却系统中散热器、水泵、分水管、驱动电机循环水道等部件是由钢、铸铁、黄铜、紫铜、铝、焊锡等金属组成的,由于不同金属的电极电位不同,在电解质的作用下容易发生电化学腐蚀;同时冷却液中的二元醇类物质分解后形成的酸性产物和腐蚀产物会堵塞管道,引起新能源汽车动力系统过热甚至瘫痪;若腐蚀穿孔,冷却液泄漏则会产生严重的破坏。因而冷却液中都会加入一定量的防腐蚀添加剂,防止冷却系统产生腐蚀。

(3)防水垢。循环中要减少水垢的产生,以免堵塞循环管道影响冷却系统的散热功能。

(4)防沸。符合国家标准的冷却液,标准大气压下的沸点通常都超过 105 ℃,比起水的沸点 100 ℃,冷却液能耐受更高的温度而不沸腾(开锅),在一定程度上满足新能源汽车动力系统的散热。

3. 新能源汽车冷却液的类型

新能源汽车冷却液按防冻剂成分不同可分为酒精型、甘油型、乙二醇型等类型。

(1)酒精型冷却液是用乙醇作防冻剂，价格便宜，流动性好，配制工艺简单，但沸点较低、易挥发损失、冰点易升高、易燃等，现已逐渐被淘汰。

(2)甘油型冷却液沸点高、挥发性小、不易着火、无毒、腐蚀性小，但降低冰点效果不佳、成本高、价格昂贵，只有少数北欧国家仍在使用。

(3)乙二醇型冷却液是用乙二醇作防冻剂，并添加少量抗泡沫、防腐蚀等综合添加剂配制而成的，如图 3-2-2 所示。由于乙二醇易溶于水，可以任意配成各种冰点的冷却液，其最低冰点可达-68 ℃，这种冷却液具有沸点高、泡沫倾向低、黏温性能好、防腐蚀和防水垢等特点，是一种较为理想的冷却液，目前国内外所使用的冷却液几乎都是乙二醇型冷却液。

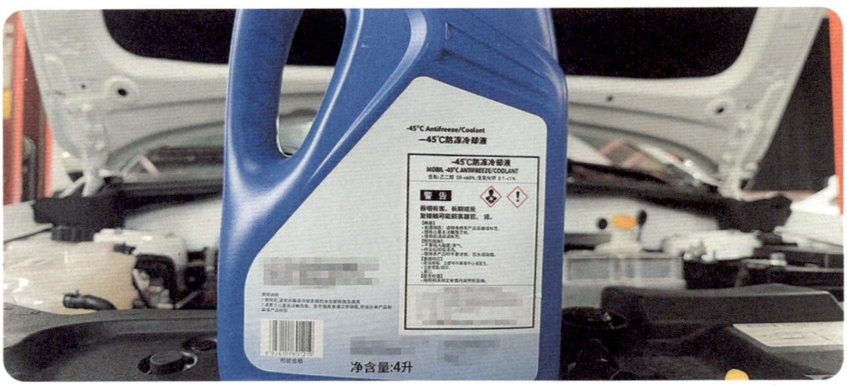

图 3-2-2　乙二醇型冷却液

学习资料 2　新能源汽车减速器油的作用和类型

新能源汽车减速器油区别于传统燃油汽车减速器油，不同品牌的新能源汽车，更换减速器油的里程数也不一样，最短的 20000 km，最长的 60000 km，车辆应按照维修手册及时更换。减速器油应具有良好的抗磨、耐负荷性能和合适的黏度。此外，还应具有良好的热氧化安定性、抗泡性、水分离性能和防锈性能。

因为减速器齿轮负荷大多数全都在 490 MPa 以上，而双曲线齿面负荷更高达 2942 MPa，新能源汽车减速器油的用量约占润滑油总量的 6%～8%。减速器油必须是性能优异的润滑油。同时减速器油复合剂应满足减速器的润滑、散热、抗氧化、抗腐蚀等要求。

减速器油主要以矿物石蜡基础油或合成基础油为主，加入抗氧剂、极压抗磨剂和油性剂调制而成的一种重要的润滑油。用于各种齿轮传动装置，以避免齿面磨损、擦伤、烧结等，延长其使用寿命，提高传递功率效率。

减速器油大多数要求具备以下 6 条基本性能：

(1)合适的黏度及良好的黏温性,黏度是齿轮油最基本的性能。黏度大,形成的润滑油膜较厚,抗负载能力相对比较大。

(2)足够的极压抗磨性。极压抗磨性是减速器油重要的性质和主要的特点。

(3)良好的抗乳化性。减速器油遇水发生乳化变质会严重影响润滑油膜形成而引起擦伤、磨损。

(4)良好的氧化安定性和热安定性。良好的热氧化安定性能保证油品的使用寿命。

(5)良好的抗泡性。生成的泡沫不能很快消失将影响齿轮啮合处油膜形成,夹带泡沫使实际工作油量减少,影响散热。

(6)良好的防锈防腐蚀性。腐蚀和锈蚀不仅破坏齿轮的几何学特点和润滑状态,腐蚀与锈蚀产物还会进一步引起齿轮油变质,产生恶性循环。

任务实施

技能实训1　底盘检查

底盘检查

步骤1:冷却系统检查。

(1)检查冷凝器有无脏污、变形及泄漏等,如图3-2-3所示。

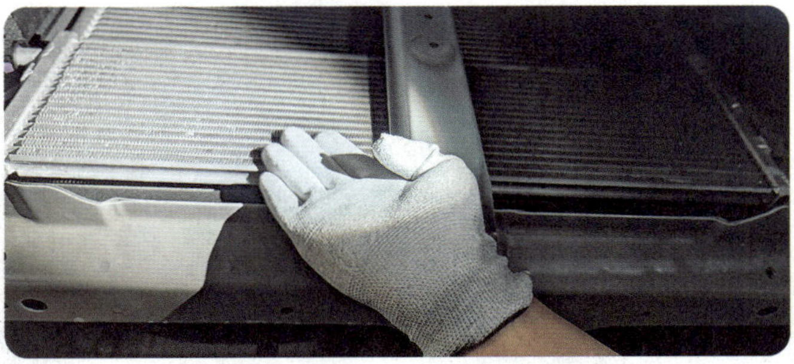

图3-2-3　检查冷凝器

(2)检查散热器管路安装是否可靠、有无泄漏、有无变形及老化等,如图3-2-4所示。

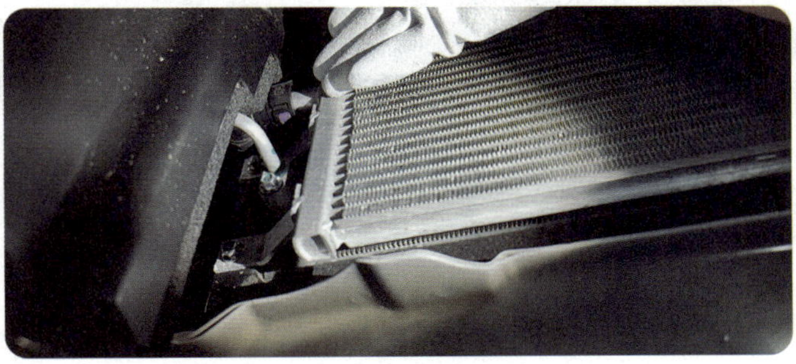

a.检查散热器管路

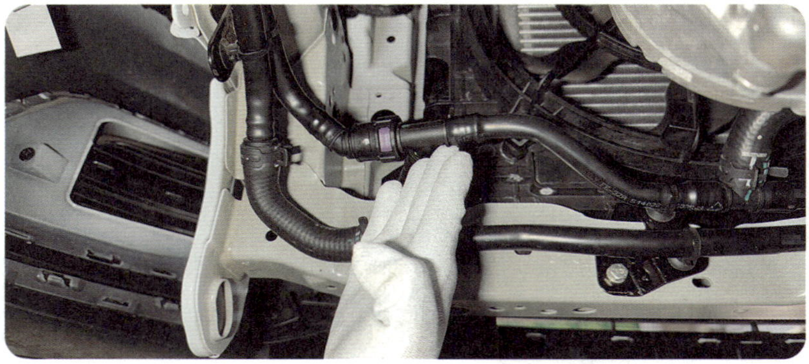

b. 检查散热器出水管

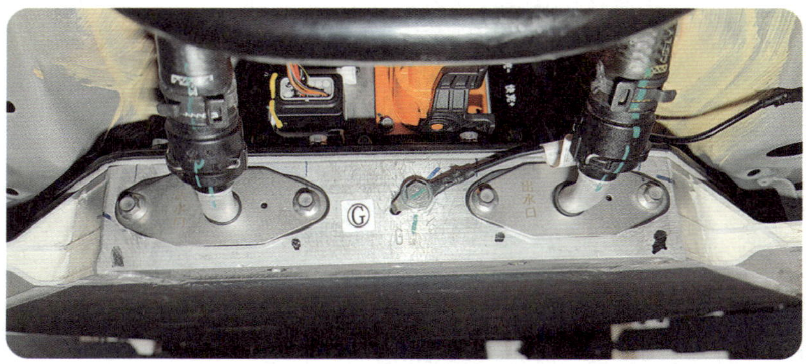

c. 检查动力电池散热器进出管路

图 3-2-4　检查散热器管路安装情况

(3) 检查散热器有无泄漏、变形等，如图 3-2-5 所示。

图 3-2-5　检查散热器

步骤2：传动系统检查。

(1)检查左(右)传动轴有无变形、裂纹、损坏，如图3-2-6所示。

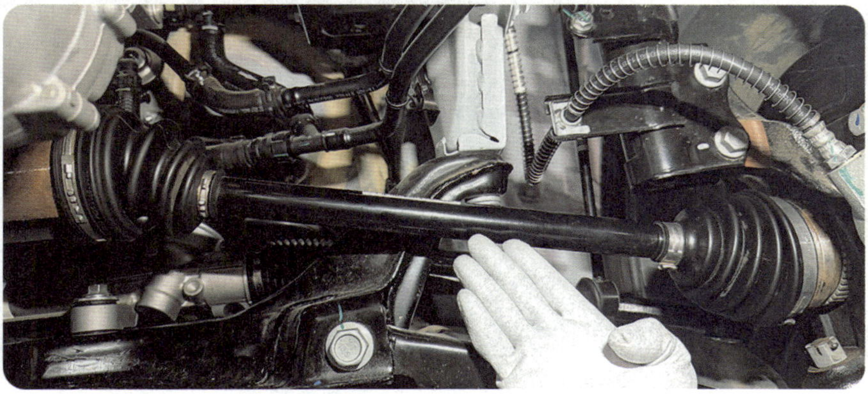

图3-2-6　检查左(右)传动轴

(2)检查左(右)传动轴半轴球笼防尘罩是否损坏、有无漏油，如图3-2-7所示。

图3-2-7　检查左(右)传动轴半轴球笼防尘罩

步骤3：前后悬架检查。

(1)检查左(右)前减振器是否变形、漏油、损坏，如图3-2-8所示。

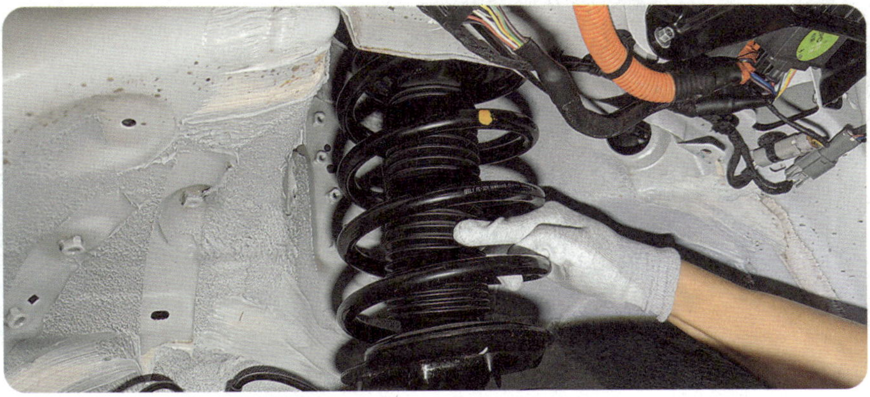

图3-2-8　检查左(右)前减振器

(2) 检查左(右)前减振弹簧是否有明显锈蚀、损坏,如图 3-2-9 所示。

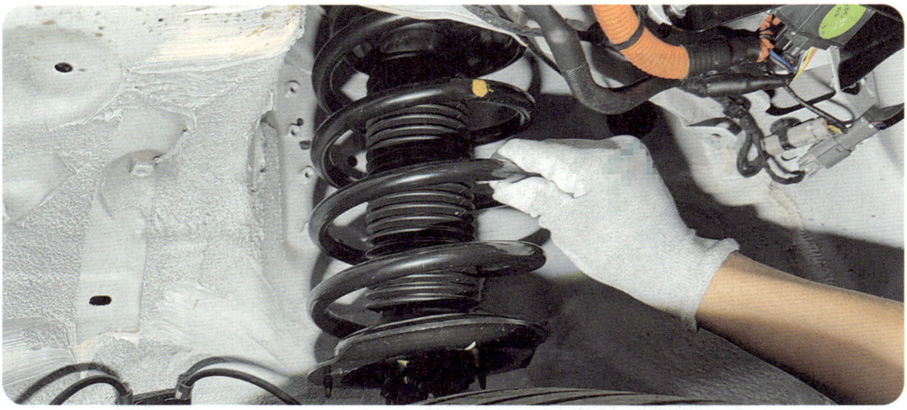

图 3-2-9　检查左(右)前减振弹簧

(3) 检查左(右)后减振器是否变形、漏油、损坏,如图 3-2-10 所示。

图 3-2-10　检查左(右)后减振器

(4) 检查左(右)后减振弹簧是否有明显锈蚀、损坏,如图 3-2-11 所示。

图 3-2-11　检查左(右)后减振弹簧

步骤4:转向系统检查。

(1)检查左(右)前转向横拉杆有无弯曲和损坏,如图3-2-12所示。

图3-2-12　检查左(右)前转向横拉杆

(2)检查左(右)前转向横拉杆球头是否松动,如图3-2-13所示。

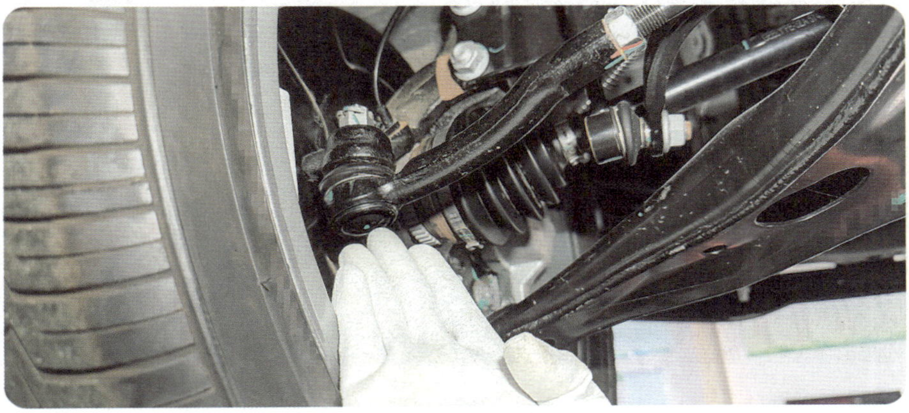

图3-2-13　检查左(右)前转向横拉杆球头

(3)检查左(右)前转向机护套是否开裂和撕破,如图3-2-14所示。

图3-2-14　检查左(右)前转向机护套

(4)检查左(右)转向节是否损坏,如图 3-2-15 所示。

图 3-2-15 检查左(右)转向节

(5)检查左(右)下控制臂是否损坏,如图 3-2-16 所示。

图 3-2-16 检查左(右)下控制臂

(6)检查左(右)前下控制臂球节是否损坏,如图 3-2-17 所示。

图 3-2-17 检查左(右)前下控制臂球节

(7)检查左(右)下控制臂前衬套是否损坏,如图 3-2-18 所示。

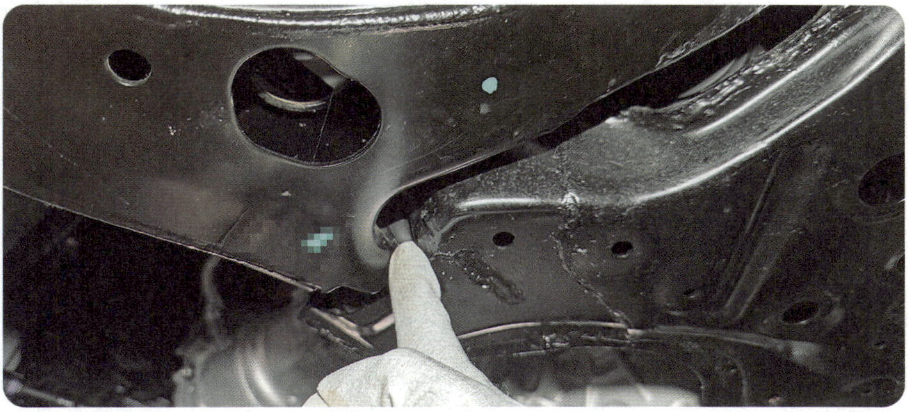

图 3-2-18　检查左(右)下控制臂前衬套

(8)检查左(右)下控制臂后衬套是否漏油、变形或损坏,如图 3-2-19 所示。

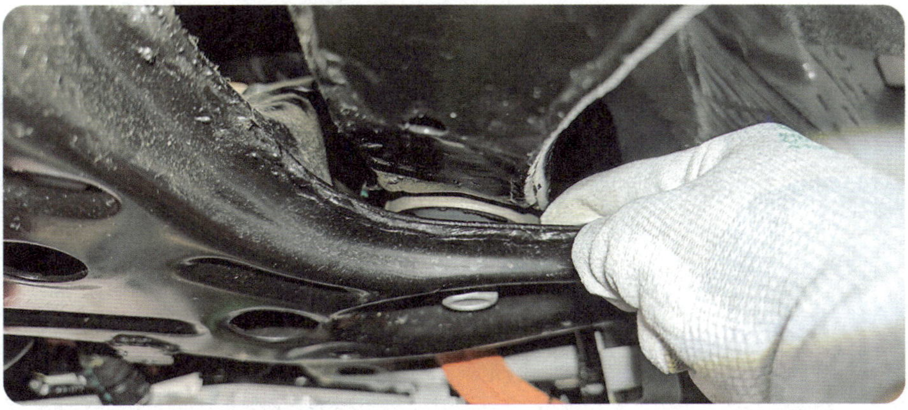

图 3-2-19　检查左(右)下控制臂后衬套

(9)检查前稳定杆有无弯曲或损坏,如图 3-2-20 所示。

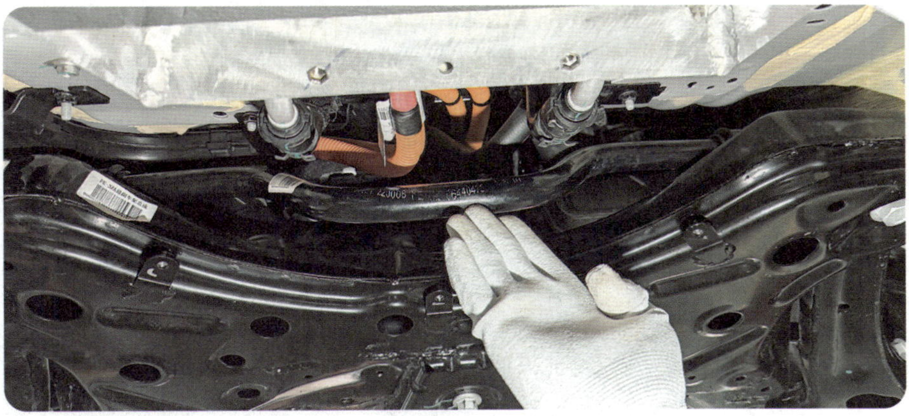

图 3-2-20　检查前稳定杆

步骤 5:制动系统检查。

(1)目视检查四轮制动摩擦片,如图 3-2-21 所示。

图 3-2-21 目视检查四轮制动摩擦片

(2)目视检查四轮制动盘,如图 3-2-22 所示。

图 3-2-22 目视检查四轮制动盘

(3)检查四个车轮轴承有无间隙,如图 3-2-23 所示。

图 3-2-23 检查四个车轮轴承有无间隙

(4)检查制动管路的安装、连接、损伤情况,如图 3-2-24 所示。

图 3-2-24 检查制动管路的安装、连接、损伤情况

(5)检查制动管路有无漏油,如图 3-2-25 所示。

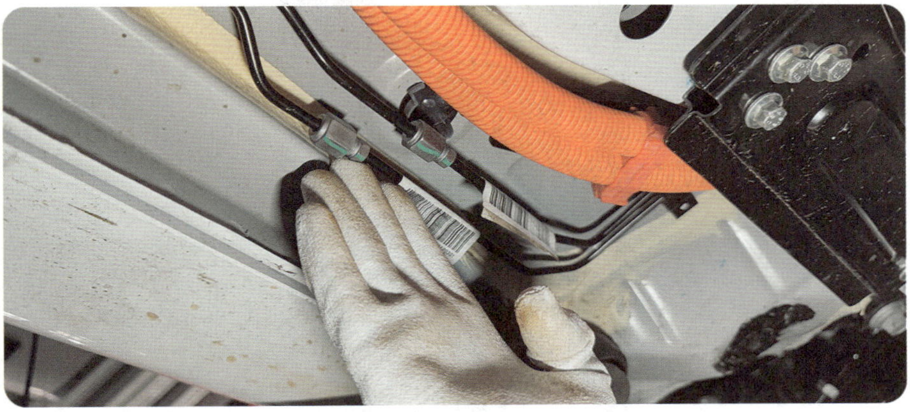

图 3-2-25 检查制动管路有无漏油

(6)检查制动软管有无老化,如图 3-2-26 所示。

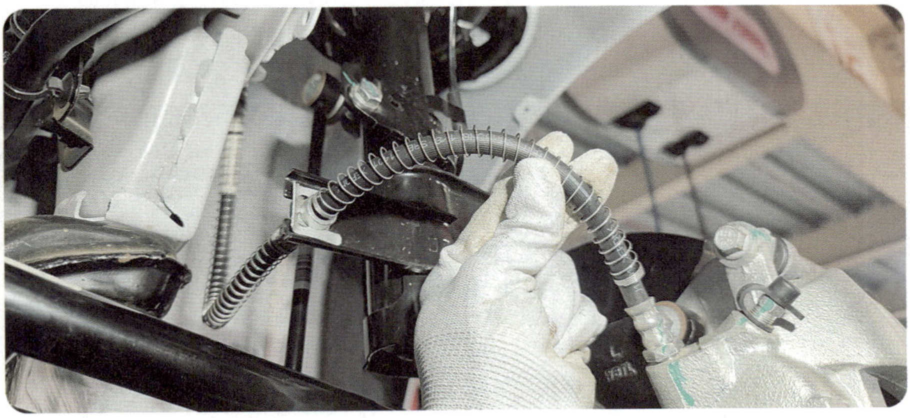

图 3-2-26 检查制动软管有无老化

技能实训 2　冷却液的检查与更换

冷却液的检查与更换

步骤 1:检查冷却液。

(1)检查冷却液膨胀罐液位,观察冷却液膨胀罐上的 Max(最高)与 Min(最低)刻度线,如图 3-2-27 所示。

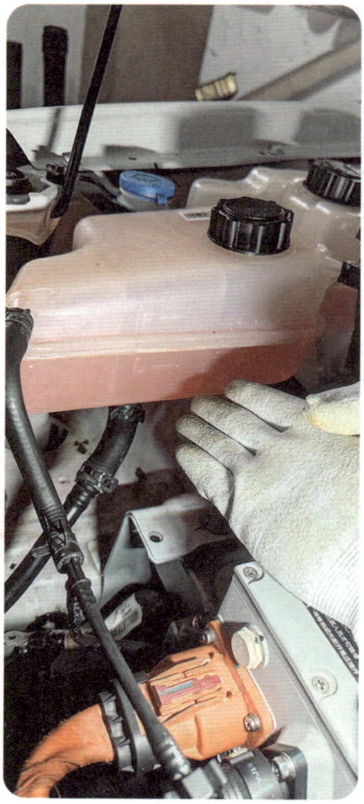

图 3-2-27　检查冷却液膨胀罐液位

(2)检测冷却液冰点。用小试管取一点儿冷却液滴在冰点仪镜片上,透过冰点仪观察其冰点。冷却液冰点一般在-68~ -15 ℃之间,如图 3-2-28 所示。

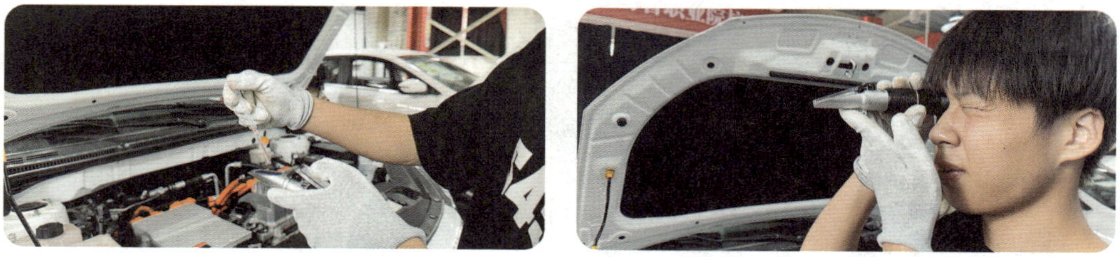

a. 检测冷却液冰点　　b. 透过冰点仪观察其冰点

图 3-2-28　检测并观察冷却液冰点

步骤2:排放冷却液。

(1)拧开膨胀罐盖,如图 3-2-29 所示。

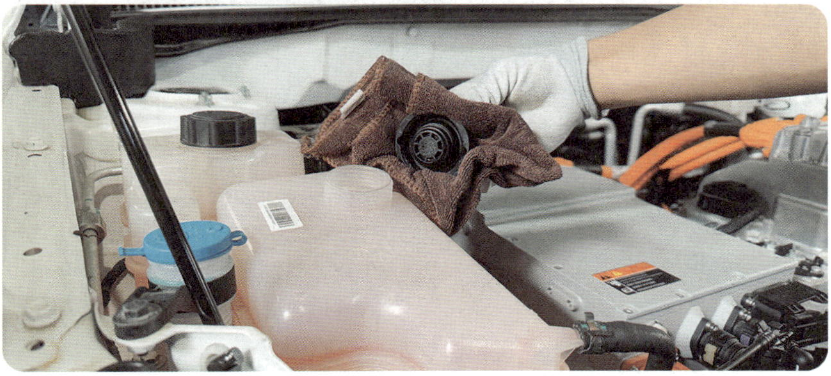

图 3-2-29　拧开膨胀罐盖

(2)断开散热器出水管,用回收容器接收放出的冷却液,如图 3-2-30 所示。

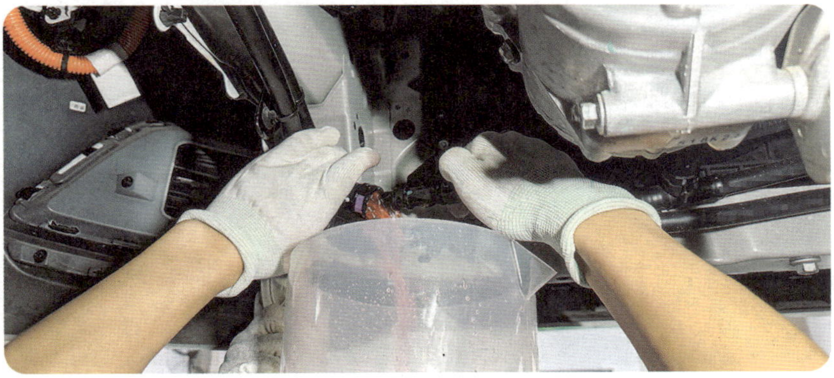

图 3-2-30　用回收容器接收放出的冷却液

> **注意**:集中回收处理冷却液,等待报废或再生利用,不要将冷却液排入下水管道。

步骤3:加注冷却液。

(1)连接散热器出水管,如图 3-2-31 所示。

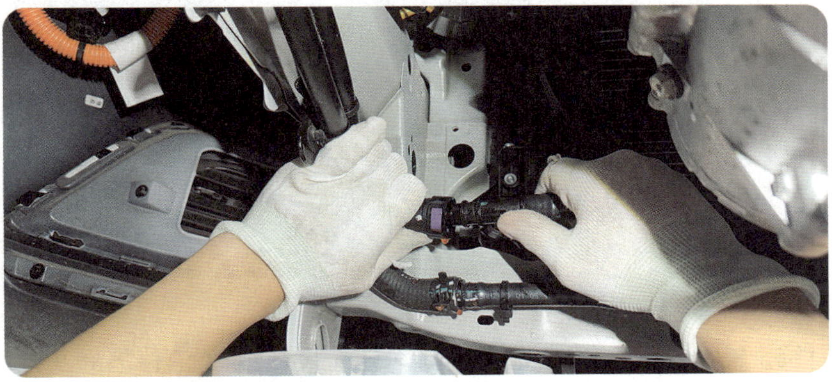

图 3-2-31　连接散热器出水管

(2)检查管路,确保冷却管路连接完整,如图 3-2-32 所示。

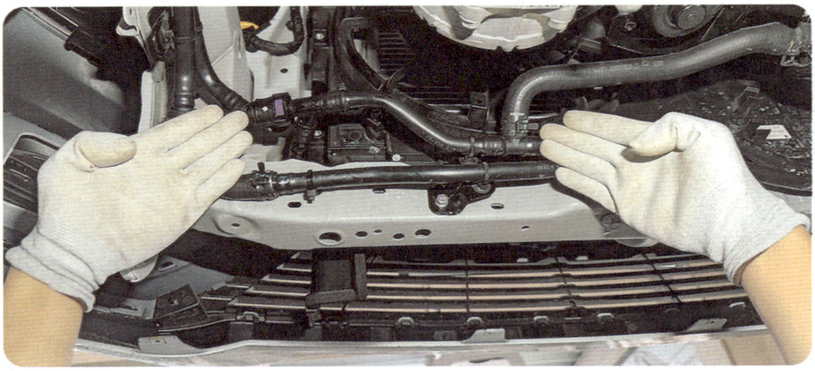

图 3-2-32　确保冷却管路连接完整

(3)静态加注。将车辆启动至“ON”挡且为非充电状态,连接诊断仪,选择加注初始化,使车辆处于加注初始化状态,如图 3-2-33 所示。

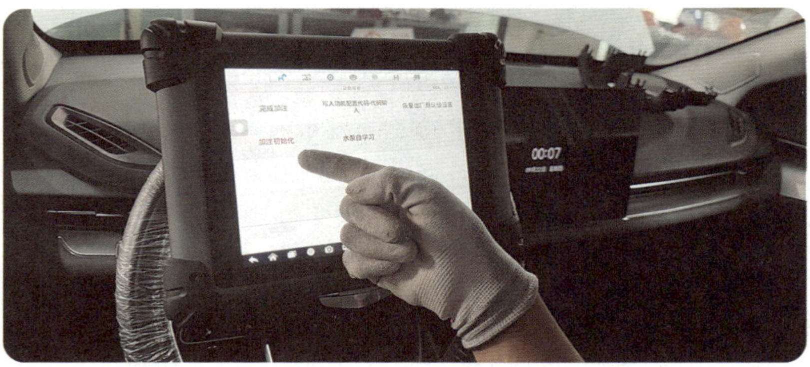

图 3-2-33　静态加注

(4)拧开膨胀罐盖,缓慢加注冷却液,直至膨胀罐内冷却液量达到 80%左右,且液位不再下降,如图 3-2-34 所示。

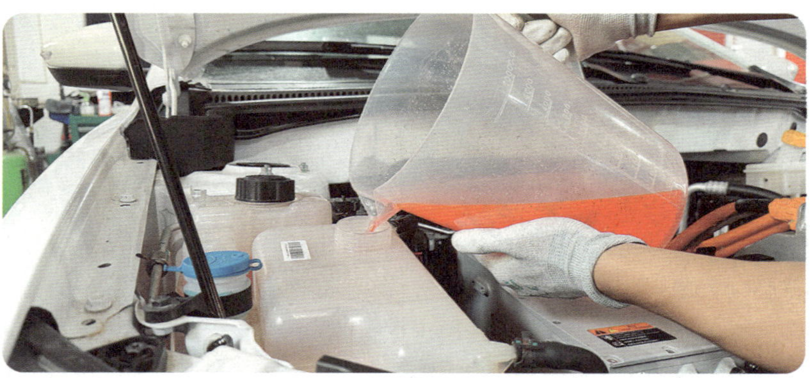

图 3-2-34　缓慢加注冷却液

(5)系统排气。控制诊断仪,使车辆处于排气状态,如果液位下降及时补充冷却液，排气过程时长不小于 10 min，如图 3-2-35 所示。

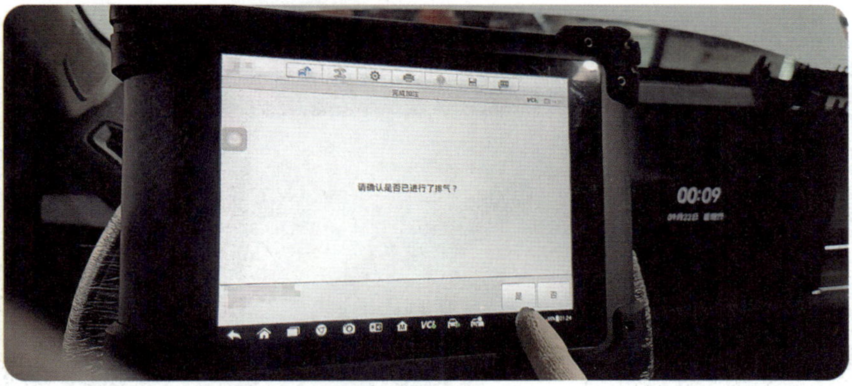

图 3-2-35　系统排气

（6）观察膨胀罐内液位，保持冷却液液位处于 F 和 L 之间，如图 3-2-36 所示。

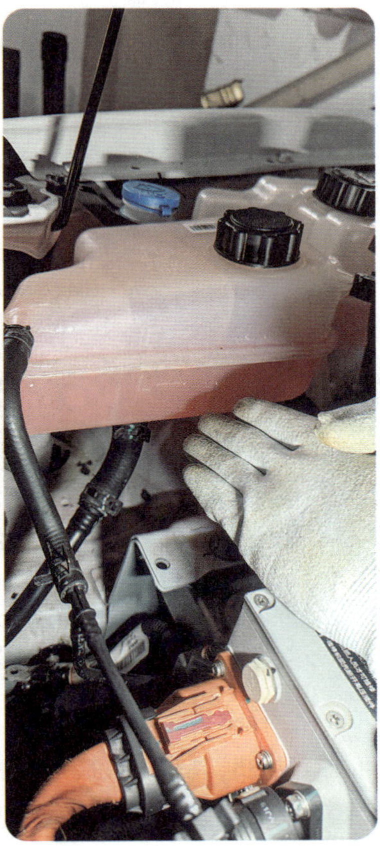

图 3-2-36　观察膨胀罐内液位

(7)加注完成,拧紧膨胀罐,控制诊断仪,使车辆恢复默认模式,如图 3-2-37 所示。

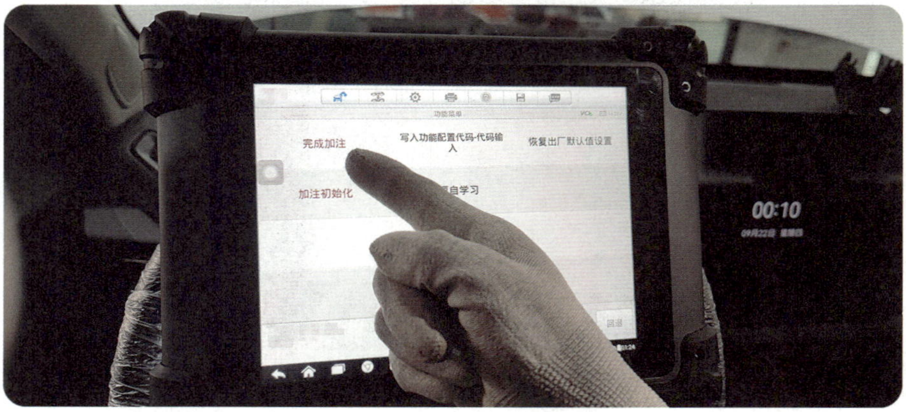

图 3-2-37　车辆恢复默认模式

技能实训 3　减速器油的检查与更换

减速器油的检查与更换

步骤 1:动力总成系统检查。

(1)检查动力总成系统是否漏液、磕碰;检查驱动电机安装支架有无损坏,如图 3-2-38 所示。

图 3-2-38　检查动力总成系统是否漏液、磕碰

(2)检查动力总成与车身、驱动电机与减速器、接地线束的紧固情况,如图 3-2-39 所示。(动力总成与车身紧固力矩为 90 N·m,驱动电机与减速器紧固力矩为 23 N·m,动力总成接地线束紧固力矩为 9 N·m)

a. 检查动力总成与车身紧固情况

b. 检查驱动电机与减速器紧固情况

c. 检查接地线束紧固情况

图 3-2-39　检查动力总成紧固情况

注意：检测螺栓上的漆标，若漆标位置有移动则对螺栓进行紧固；若没有移动，则不做要求。

(3)检查高压部件是否有涉水痕迹,如图 3-2-40 所示。

图 3-2-40　检查高压部件是否有涉水痕迹

步骤 2:排放减速器油。

(1)放置回收容器,用来接收放出的减速器油,如图 3-2-41 所示。

图 3-2-41　放置回收容器

(2)使用工具拆卸减速器放油螺塞,如图 3-2-42 所示。

图 3-2-42　使用工具拆卸减速器放油螺塞

(3)当减速器油不再流出时,安装并使用预置式扭矩扳手紧固减速器放油螺塞,如图 3-2-43 所示。

a. 排放减速器油

b. 安装放油螺塞

c. 使用预置式扭矩扳手紧固减速器放油螺塞

图 3-2-43　排放减速器油及紧固放油螺塞

步骤 3:加注减速器油。

(1)向加注孔添加专用的减速器油,直到油液开始流出,如图 3-2-44 所示。

图 3-2-44　向加注孔塞添加专用的减速器油

(2)待减速器油面与加注孔下缘齐平,安装并使用预置式扭矩扳手紧固加注孔螺塞,如图 3-2-45 所示。

图 3-2-45　安装并使用预置式扭矩扳手紧固加注孔螺塞

技能实训4　动力电池系统检查

动力电池系统检查

步骤1：检查动力电池托盘有无变形、磕碰，防撞梁有无损坏，如图3-2-46所示。

图3-2-46　检查动力电池托盘

步骤2：目视检查动力电池高、低压连接器清洁度、腐蚀、破损情况，如图3-2-47所示。

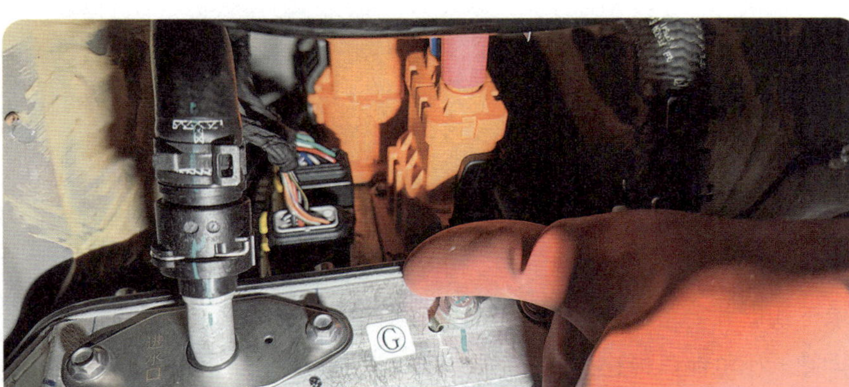

图3-2-47　检查动力电池高、低压连接器

步骤 3：检查动力电池总成固定螺栓（对角紧固）是否锈蚀及紧固情况，如图 3-2-48 所示。（动力电池固定螺栓紧固力矩为 78 N · m）

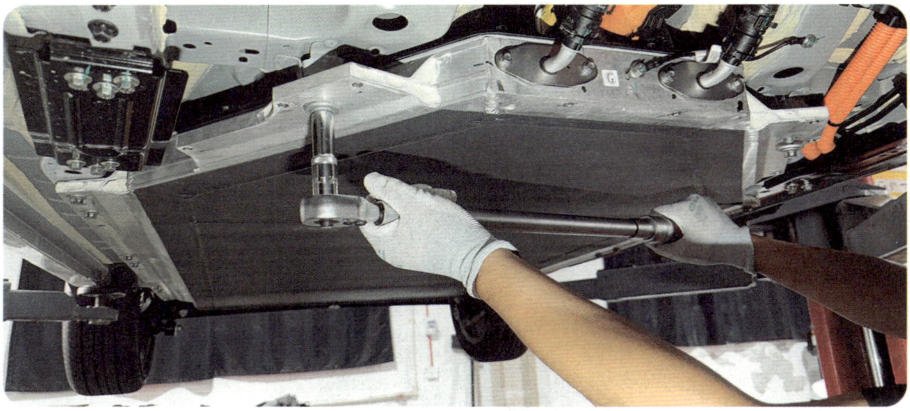

图 3-2-48　检查动力电池总成固定螺栓

步骤 4：检查动力电池接地线束紧固情况，如图 3-2-49 所示。（动力电池接地线束紧固力矩为 9 N · m）

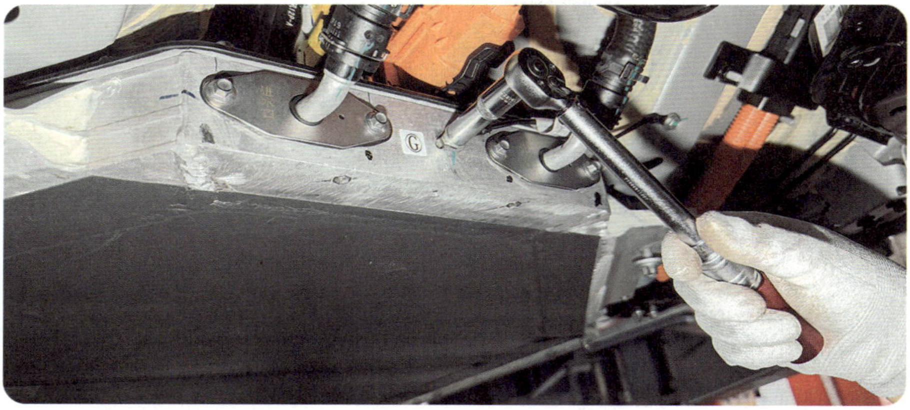

图 3-2-49　检查动力电池接地线束紧固情况

注意：检测螺栓上的漆标，若漆标位置有移动，则对螺栓进行紧固；若没有移动，则不做要求。

技能实训 5　高压组件检测

高压组件检测

步骤 1：高压断电。

（1）取下钥匙并妥善保管（遵循“谁操作谁保管”的原则）。

（2）拆卸低压电池负极连接线，并做绝缘处理，如图 3-2-50 所示。

图 3-2-50 拆卸低压电池负极连接线

(3)等待 5 min。

步骤 2:确认高压回路切断。

使用万用表测量动力电池 HV+与 HV-之间的电压,如图 3-2-51 所示。(电压应≤5 V)

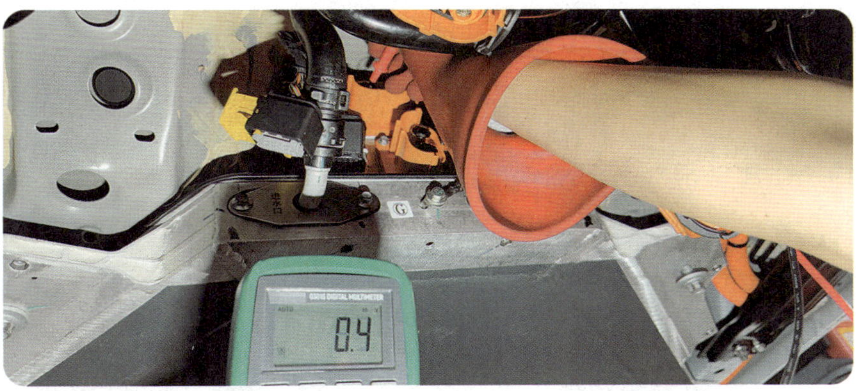

图 3-2-51 使用万用表测量动力电池 HV+与 HV-之间的电压

步骤 3:动力电池绝缘性检查。

(1)绝缘测试仪选择电压挡位:1000 V,如图 3-2-52 所示。

图 3-2-52 绝缘测试仪选择电压挡位

（2）测量动力电池 1 号端子与车身接地之间的电阻值，如图 3-2-53 所示。（电阻值应≥20 MΩ）

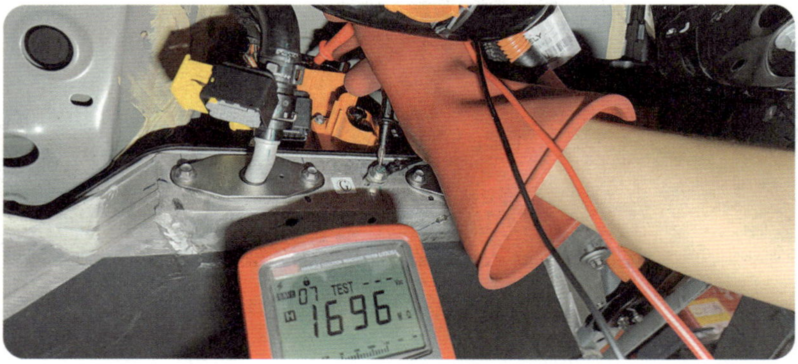

图 3-2-53　测量动力电池 1 号端子与车身接地之间的电阻值

（3）测量动力电池 2 号端子与车身接地之间的电阻值，如图 3-2-54 所示。（电阻值应≥20 MΩ）

图 3-2-54　测量动力电池 2 号端子与车身接地之间的电阻值

（4）测量动力电池充电线路 1 号端子与车身接地之间的电阻值，如图 3-2-55 所示。（电阻值应≥20 MΩ）

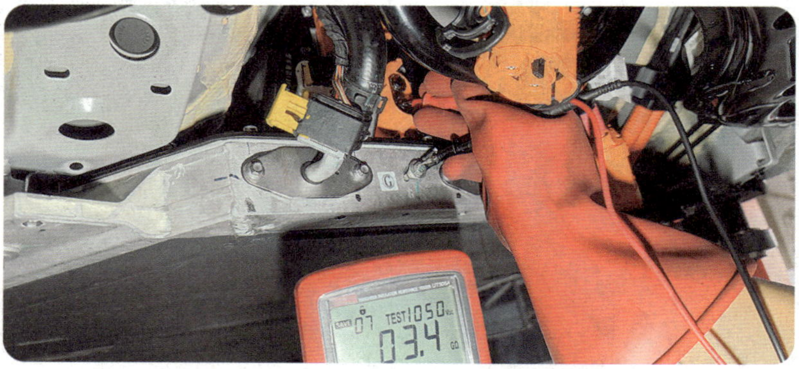

图 3-2-55　测量动力电池充电线路 1 号端子与车身接地之间的电阻值

(5)测量动力电池充电线路 2 号端子与车身接地之间的电阻值,如图 3-2-56 所示。(电阻值应≥20 MΩ)

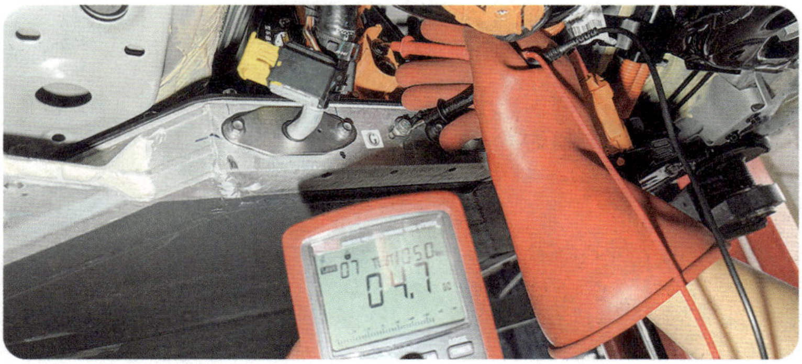

图 3-2-56　测量动力电池充电线路 2 号端子与车身接地之间的电阻值

步骤 4:高压组件接地电阻检查。

(1)使用接地电阻测试仪测量动力电池接地线与车身接地之间的电阻值,如图 3-2-57 所示。(电阻值应≤0.1 Ω)

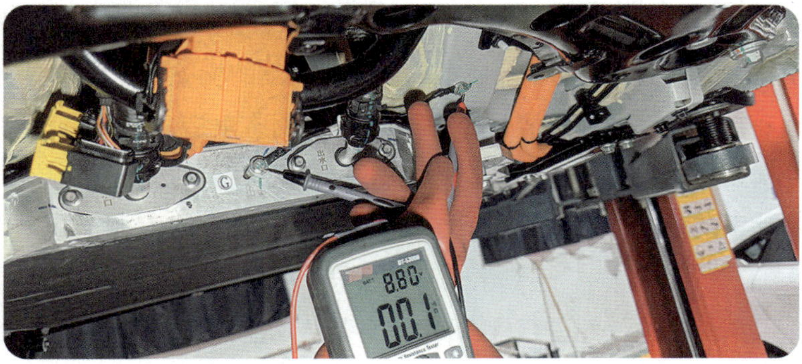

图 3-2-57　使用接地电阻测试仪测量动力电池接地线与车身接地之间的电阻值

(2)使用接地电阻测试仪测量动力总成接地线与车身接地之间的电阻值,如图 3-2-58 所示。(电阻值应≤0.1 Ω)

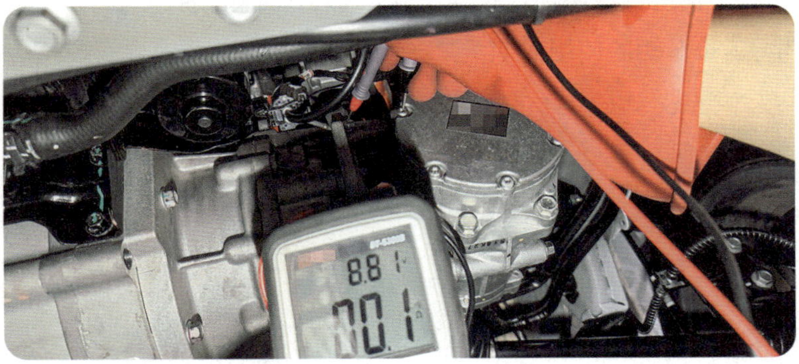

图 3-2-58　使用接地电阻测试仪测量动力总成接地线与车身接地之间的电阻值

(3)使用接地电阻测试仪测量驱动电机接地线与车身接地之间的电阻值,如图 3-2-59 所示。(电阻值应≤0.1 Ω)

图 3-2-59　使用接地电阻测试仪测量驱动电机接地线与车身接地之间的电阻值

案例分析

针对王先生的吉利帝豪 EV450 轿车 60000 km 保养案例，结合用户维修手册与王先生车辆使用情况,对王先生的车辆底盘部分制订详细的检查与更换方案。

(1)检查底盘各部件的外观情况,发现磕碰刮擦对车辆造成的损伤。

(2)对冷却系统相关部件进行检查,检测并更换防冻液。

(3)对制动系统相关部件进行检查,拆卸制动摩擦片完成对制动盘与摩擦片的检查与测量。

(4)对悬架系统相关部件进行检查,预防安装与功能性问题。

(5)对车辆减速器油进行更换。

(6)对车辆高压部件进行绝缘性测试。

(7)对车辆底部关键部件进行紧固性检查。

通过定期对车辆进行预防性检查与更换维护,保证车辆技术状况正常,消除隐患,预防故障发生,延长车辆的使用周期。

超级链接

绝缘电阻的检测

(1)检测所有高压部件的绝缘电阻时,应在断开动力电池维修开关和低压蓄电池负极线的前提下(如在充电还需断开充电插头)进行绝缘测量。

(2)断开各高压部件的高压连接线,使用数字绝缘测试仪选择 1000 V 挡位测试各高压部件高压输入、输出接口中高压正、负极端子对车身的绝缘电阻。

(3)对于检测不合格的绝缘电阻,必须进行更换。

(4)动力电池装车前应检测绝缘电阻,同时用万用表量取高压插件正、负极柱之间及分别对壳体的电压,电压数值应为 0 V。要求在动力电池的整个寿命期内,根据标准计算方法得到的绝缘电阻值除以动力电池的标称电压 U,所得值应大于 500 Ω/V。

(5)对高压线束进行检查时,应先确保线束连接正确,各接头处紧固无松动。确保高压线束屏蔽层应与车体可靠连接,防护套捆扎牢固,同时高压线束安装一定要和油路、高温的制动管路分开。

(6)为避免电磁干扰,高压线束和低压控制线束尽量分开固定(距离大于 100 mm),如果无法避免,要交叉固定,不要平行固定。

任务 3 车辆顶起位置三作业维护

作业案例

新能源汽车吉利帝豪 EV450 的车主晚上回家后用交流充电桩给汽车充电时,仪表上红色充电连接指示灯点亮,但无法充电。第二天,车主向 4S 店打电话咨询,并请求救援。

知识准备

学习资料 1 新能源汽车高压系统的组成及各高压部件功用

1. 新能源汽车高压系统的组成

新能源汽车整车电气系统分为高压系统与低压系统。以新能源汽车吉利帝豪 EV450 为例,其高压部件主要包括动力电池、高压控制盒、车载充电机、电机控制器、DC/DC 变换器、PTC 加热器以及电动压缩机。新款吉利帝豪 EV450 纯电动汽车整车前机舱布置将高压控制盒、车载充电机两个部件合为一个部件,简称为车载充电机分线盒,实际上就是两个部件功能的组合;电机控制器、DC/DC 变换器两个部件合为一个部件,简称为电机控制器。主要高压部件组成如图 3-3-1 所示。

1-车载充电机　2-电机控制器

图 3-3-1　主要高压部件组成

2. 新能源汽车各高压部件功用

(1)动力电池的结构及功用。动力电池总成安装在车底下部，其组成部件包括电池模组、CSC 采集系统、电池控制单元、电池高压分配单元等部件。动力电池位置如图 3-3-2 所示。

①电池模组

a. 单体电池：构成动力电池模块的最小单元。

b. 蓄电池模块：一组并联的电池单体的组合，该组合的额定电压与单体电池的额定电压相等，是单体电池在物理结构和电路上连接起来的最小分组，可作为一个单元替换。

c. 电池模组：由多个电池模块或单体电池串联成的一个组合体。

②CSC 采集系统

CSC 采集系统用以监测每个电池单体或电池组的单体电压、温度信息，将采集到的信息上报电池控制单元(BMU)，并根据 BMU 的指令执行单体电压均衡。

③电池控制单元

安装在动力电池内部，是电池管理系统的核心部件，BMU 将单体电压、温度、电流及整车高压绝缘等信息上报整车控制器(VCU)，并根据 VCU 的指令完成对动力电池的控制。

④电池高压分配单元(B-BOX)

安装在动力总成的正负极输出端，由高压正极继电器、高压负极继电器、预充继电器、电流传感器和预充电阻等组成。

(2)车载充电机分线盒的功用。车载充电机分线盒的作用类似于低压供电系统中

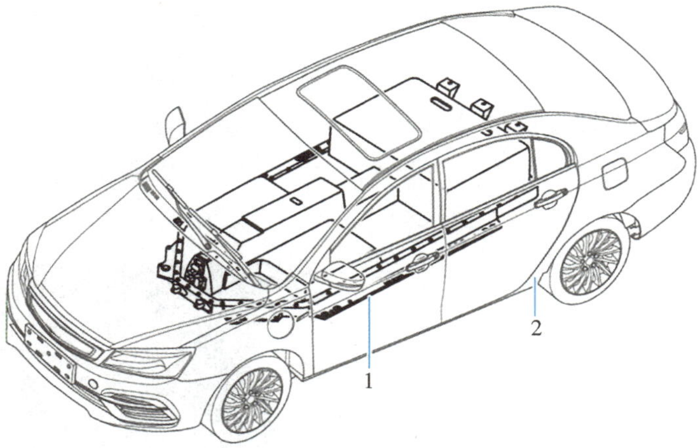

1-动力电池　2-车身

图 3-3-2　动力电池位置

的保险丝盒,其功能主要包括高压电能的分配、高压回路的过载及短路保护。

①高压电能的分配。车载充电机分线盒将动力电池总成输送的电能分配给电机控制器、电动压缩机、PTC 加热器和 DC/DC 变换器。此外,交流慢充时,充电电流也会经过车载充电机分线盒流入动力电池为其充电。如图 3-3-3 所示。

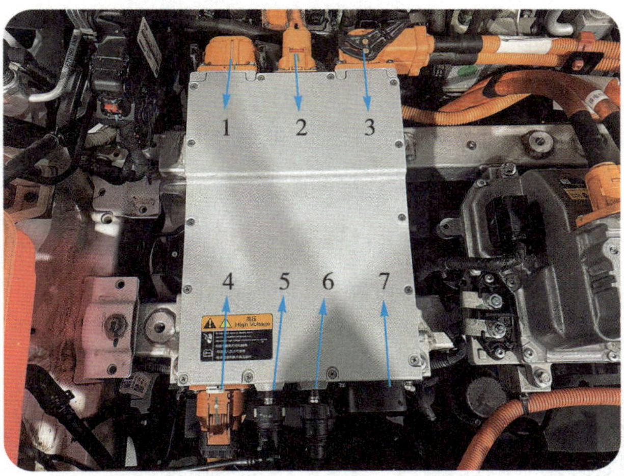

1-BV17　连接动力电池高压直流母线　2-BV33 连接暖风加热器　3-BV29 连接电机控制器　4-BV24 连接交流充电口　5-驱动电机总成连接水管　6-驱动电机控制器连接水管　7-BV10 车载充电机低压连接器

图 3-3-3　车载充电机高压插头分布

②高压回路的过载及短路保护。车载充电机分线盒内部对电动压缩机回路、PTC 加热器回路、交流充电回路各设有 40 A 的熔断器。当上述回路电流超过额定电流时,熔断器会在一定时间内熔断,保护相关回路。

(3)电机控制器的功用。电机控制器的功用主要有以下几种。

①电机控制器。电机控制器将动力电池中的直流电转换为交流电供给驱动电机，整车控制器(VCU)根据驾驶员意图发出各种指令，电机控制器响应并反馈，采集加速信号和制动信号，精确地控制驱动电机运行，以实现整车的怠速、前行、倒车、停车、能量回收、驻坡等功能，同时进行状态和故障检测，保护驱动电机系统和整车安全可靠运行。电压控制器的位置及电机控制器高压线束如图 3-3-4 所示。

1-电机控制器　2-电机

a. 电机控制器的位置

b. 电机控制器高压线束

图 3-3-4　电机控制器的位置及电机控制器高压线束

②DC/DC 变换器。DC/DC 变换器集成在电机控制器内部，其功能上将动力电池的高压直流电转换为低压直流电，给整车低压用电系统供电，同时为辅助蓄电池充电。

(4)电动压缩机。传统燃油汽车的压缩机是通过压缩机电磁离合器的吸合，促使发动机带动压缩机运转。吉利帝豪 EV450 没有发动机，它的压缩机是通过高压电源直接驱动的。

(5)PTC 加热器。传统燃油汽车上空调暖风系统的热源是引入发动机冷却后的冷却液的热量，新能源汽车需要专门的制热装置，这个装置被称为 PTC 加热器。PTC 加热器的作用就是制热，同时当低温的时候，对动力电池包进行预热。PTC 加热器外观及插头如图 3-3-5 所示。

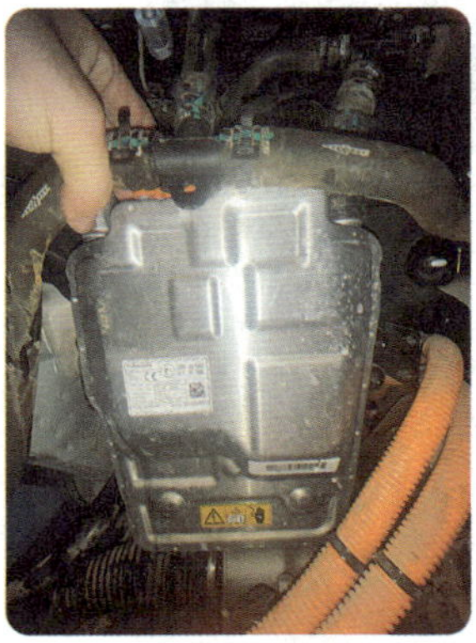

a. PTC 加热器外观

b. PTC 加热器插头

图 3-3-5　PTC 加热器外观及插头

学习资料2　高压线束的分布及插拔方式

1. 高压线束的分布

以吉利帝豪EV450为例，整车共分为6段高压线束，分别是动力电池高压线束、电机控制器高压线束、快充线束、慢充线束、高压附件线束、驱动电机三相线束，如图3-3-6所示。

1-高压附件线束　2-动力电池高压线束　3-慢充线束　4-电机控制器高压线束　5-驱动电机三相线束

图3-3-6　电机控制器和车载充电机高压线束分布

2. 高压插头的插拔

(1)动力电池高压线束和电机控制器插接器插拔方式。向上推动插接器卡扣保险，将插接器把手向上轻轻提起，两侧轻微晃动向外拔出插接器；安装时，将插接器垂直对准插座轻按，然后将把手向下轻按到位或听到轻微“咔嚓”声，向下推动卡扣保险到位。如图3-3-7、图3-3-8、图3-3-9所示。

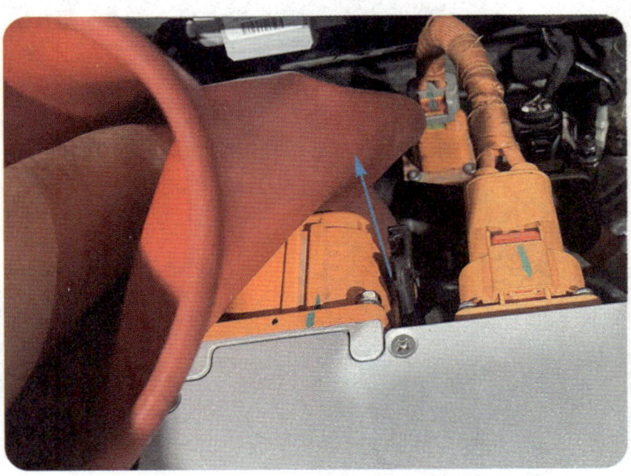

图3-3-7　推动卡扣保险

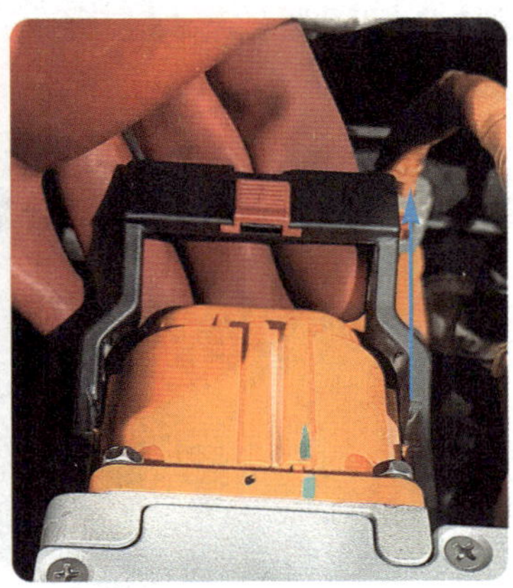

图3-3-8 提起手柄

图 3-3-9　拔出高压插头

（2）慢充线束插接器插拔方式。首先将锁舌轻轻向后拉出，然后按压锁舌上部卡扣同时向外拉出一段距离，最后按住插接器顶部锁扣并左右均匀用力向后拉出。如图 3-3-10、图 3-3-11、图 3-3-12 所示。

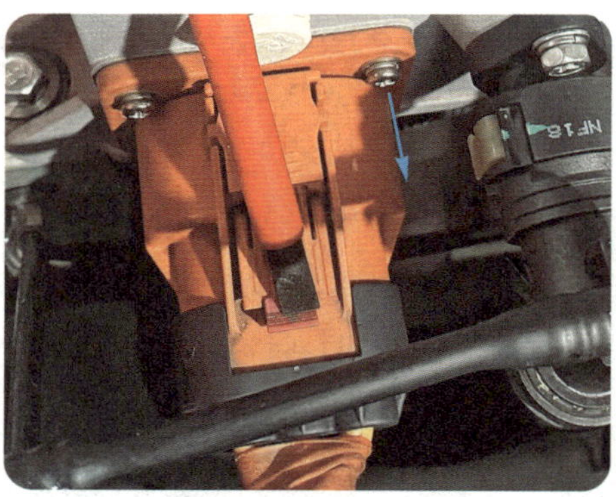

图 3-3-10　撬动锁舌

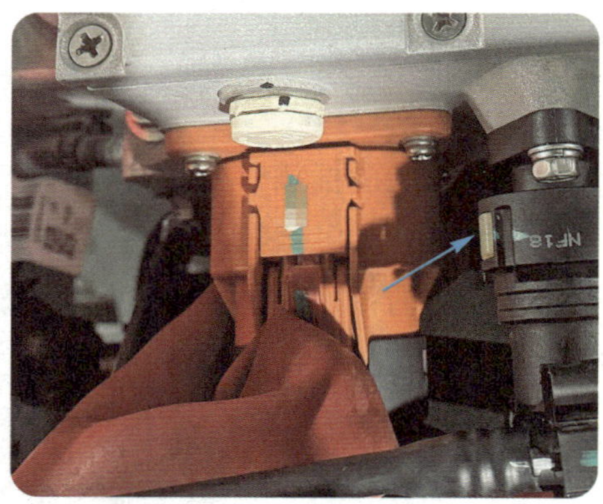

图 3-3-11　按压锁舌向外推动

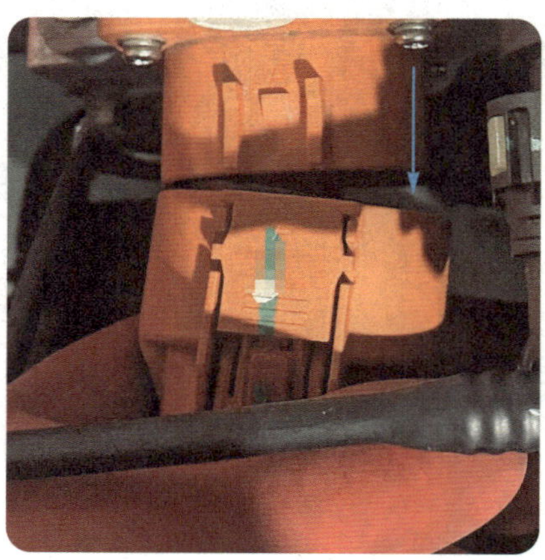

图 3-3-12　拔下高压插头

(3)高压附件线束插接器插拔方式。首先将红色锁舌轻轻向后拉出,然后按压锁舌上部卡扣均匀左右用力向后拉出。如图 3-3-13、图 3-3-14、图 3-3-15 所示。

图 3-3-13　推动红色锁舌

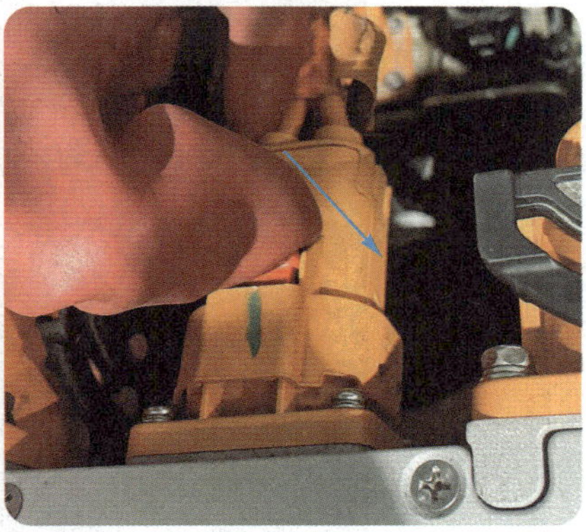

图 3-3-14　按压锁舌向外推动

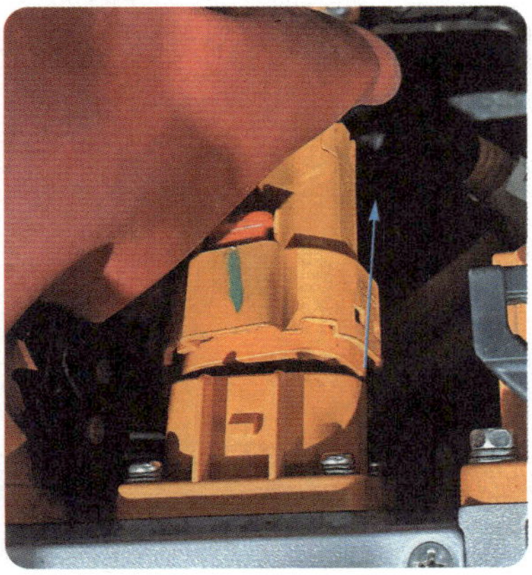

图 3-3-15　拔下高压插头

3. **充电口的定义**

交流充电口定义:为车载充电机提供交流电能的接口,如图 3-3-16 所示。

CC-充电连接确认　CP-充电控制确认　L-交流电源相线　N-交流零线　PE-车身接地(搭铁)
NC1、NC2-备用端子

图 3-3-16　交流充电口

直流充电口定义:为电动汽车提供直流电能的接口。如图 3-3-17 所示。

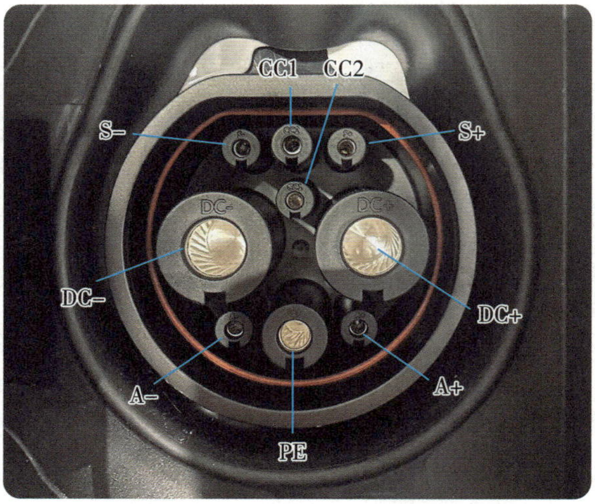

DC+:直流电源正极　DC−:直流电源负极　PE:车身接地(搭铁)　A−:低压辅助电源负极　A+:低压辅助电源正极　CC1:充电连接确认　CC2:充电控制确认　S+:充电通信 CAN-H　S−:充电通信 CAN-L

图 3-3-17　直流充电口

任务实施

技能实训 1　新能源汽车高压系统绝缘接地电阻的测试

工位准备:

(1)车辆及人员安全防护用品、专用工具套装、工具车、零件车。

(2)安全警示牌、隔离栏、灭火器、抹布、绝缘胶带。

新能源汽车高压系统绝缘接地电阻的测试

步骤 1:新能源汽车吉利帝豪 EV450 标准断电。

(1)打开前舱盖。

(2)断开蓄电池负极,并用绝缘胶带包扎线束接口。

(3)等待 5 min。

(4)戴好绝缘手套,断开动力电池输出到高压配电盒高压母线。

(5)戴好绝缘手套,用万用表测量母线正极与负极之间的电压,确保对外输出电压低于 1 V,如图 3-3-18 所示。

注意:验电需要单手作业,并用绝缘胶带包扎高压线束接口。

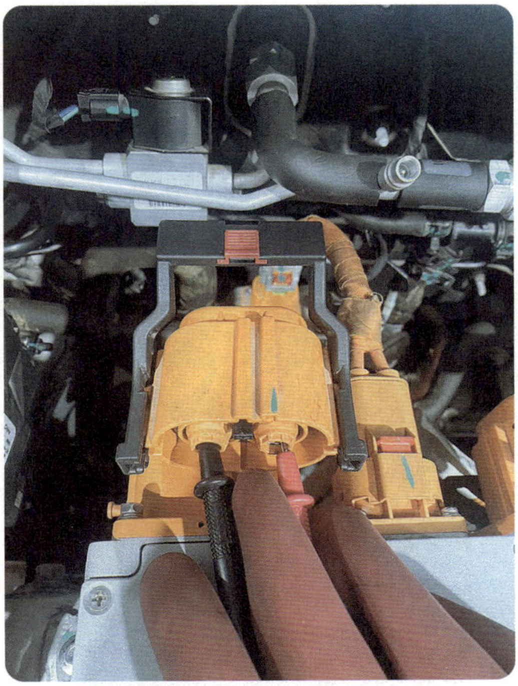

图 3-3-18 测量母线正极与负极之间的电压

步骤 2:高压系统绝缘接地电阻测试。

(1)佩戴高压防护用品(护目镜、绝缘安全帽、绝缘手套、绝缘鞋)。

(2)拆卸电机控制器上盖。

①拆卸电机控制器上盖 8 个螺栓,取下电机控制器上盖,如图 3-3-19 所示。

②取下并检查上盖密封圈。

注意:螺栓拆装顺序。

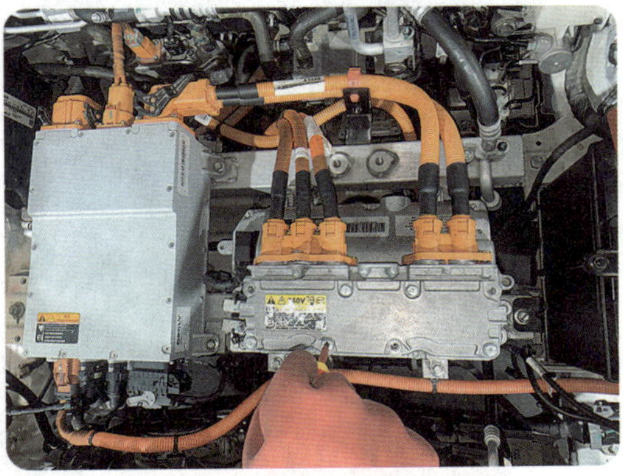

a. 拆卸电机控制器盖板

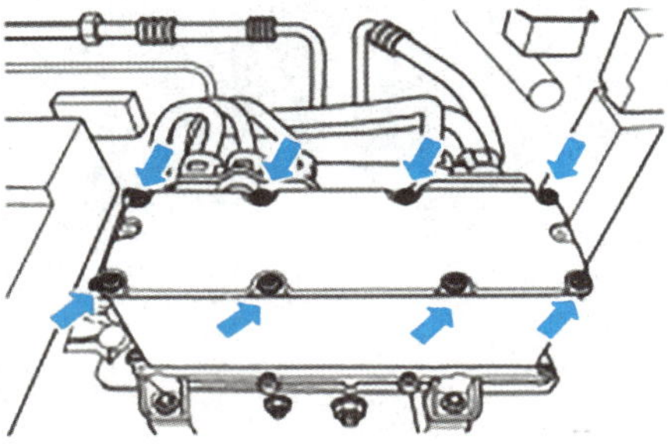

b. 电机控制器盖板拆卸螺丝

图 3-3-19 拆卸电机控制器盖板

步骤 3:确认高压回路切断。

用万用表直流电压 1000 V 挡测量电机控制器 HV+与 HV-之间的电压,如图 3-3-20 所示。

图 3-3-20　测量电机控制器 HV+与 HV-之间的电压

步骤 4:检测绝缘性(绝缘电阻)。

(1)绝缘测试仪选择电压挡位:1000 V。

(2)用绝缘测试仪测量交流充电口 L 和 N 分别对 PE 的绝缘电阻,如图 3-3-21、图 3-3-22 所示。

图 3-3-21　测量交流充电口 L 对 PE 的绝缘电阻

图 3-3-22　测量交流充电口 N 对 PE 的绝缘电阻

(3)用绝缘测试仪测量直流充电口 DC+和 DC-分别对 PE 的绝缘电阻,如图 3-3-23、图 3-3-24 所示。

图 3-3-23　测量直流充电口 DC+对 PE 的绝缘电阻

图 3-3-24　测量直流充电口 DC-对 PE 的绝缘电阻

(4)用绝缘测试仪测量车载充电机输入端 N 和 L 分别对充电机壳体的绝缘电阻,如图 3-3-25 所示。

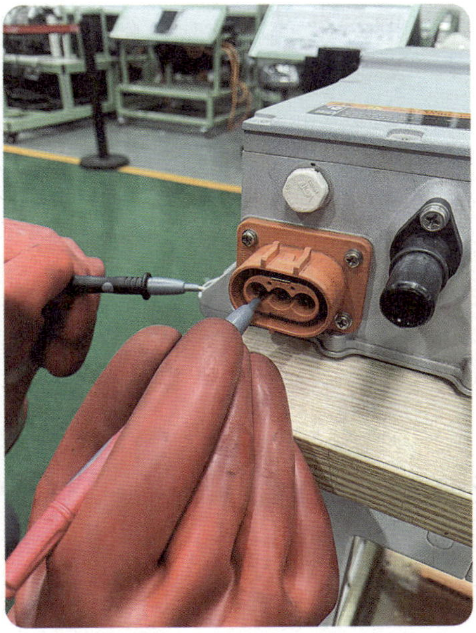

a. 车载充电机输入端 N 对充电机壳体的绝缘电阻

b. 车载充电机输入端 L 对充电机壳体的绝缘电阻

图 3-3-25　车载充电机输入端 N 和 L 对充电机壳体的绝缘电阻

(5)用绝缘测试仪测量车载充电机输出端 HV+和 HV-分别对充电机壳体的绝缘电阻,如图 3-3-26、图 3-3-27 所示。

图 3-3-26　测量车载充电机输出端 HV+对充电机壳体的绝缘电阻

图 3-3-27　测量车载充电机输出端 HV-对充电机壳体的绝缘电阻

(6)拆卸电机控制器三相线束。第一,拆卸驱动电机三相线束连接器(电机控制器侧)3 个固定螺栓①。第二,拆卸驱动电机三相线束端子(电机控制器侧)3 个固定螺栓②,脱开三相线束。第三,拆卸电机控制器高压线线束连接器(电机控制器侧)2 个固定螺栓③。第四,拆卸电机控制器高压线线束端子(电机控制器侧)2 个固定螺栓④,脱开线束。如图 3-3-28 所示。

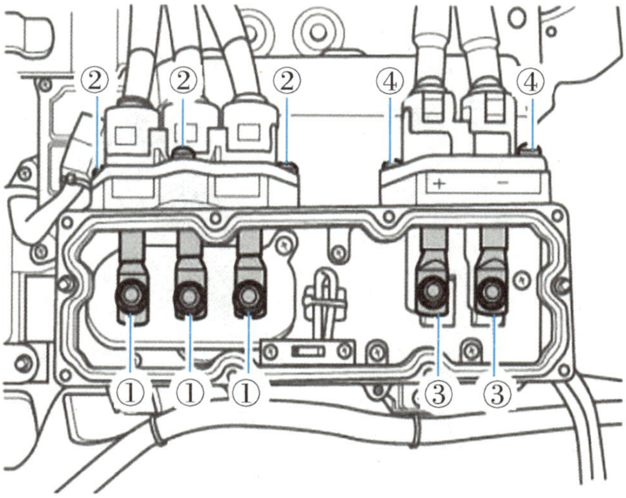

图 3-3-28　电机控制器高压线束紧固螺栓位置

(7)用绝缘测试仪测量电机的 1、2、3 号端子分别对电机壳体的绝缘电阻,如图 3-3-29、图 3-3-30、图 3-3-31 所示。

图 3-3-29　测量电机的 1 号端子对电机壳体的绝缘电阻

图 3-3-30　测量电机的 2 号端子对电机壳体的绝缘电阻

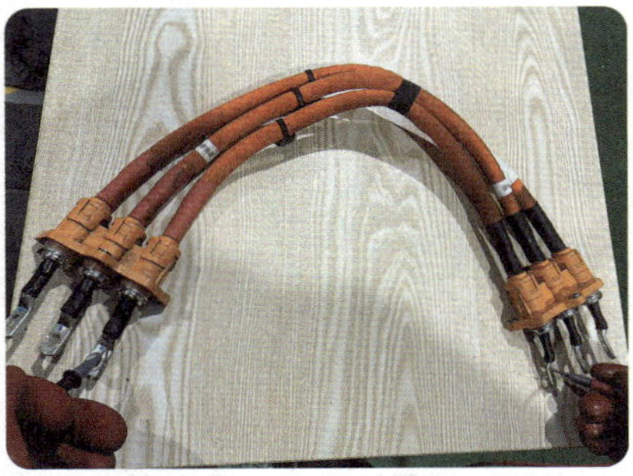

图 3-3-31　测量电机的 3 号端子对电机壳体的绝缘电阻

步骤 5：测量电机三相线束之间的电阻。

(1)用万用表测量三相线束 U 与 V 之间的电阻、V 与 W 之间的电阻、U 与 W 之间的电阻。

(2)用万用表测量 BV19 的 1 号端子与 BV18 的 1 号端子之间的电阻，BV19 的 2 号端子与 BV18 的 2 号端子之间的电阻，BV19 的 3 号端子与 BV18 的 3 号端子之间的电阻。

(3)用万用表测量 U、V、W 三相分别与车身接地之间的电阻，如图 3-3-32 所示。

图 3-3-32　测量 U、V、W 三相分别与车身接地之间的电阻

步骤 6:测量接地电阻。

用接地电阻测试仪测量暖风加热器、车载充电机、电机控制器分别对地的接地电阻,如图 3-3-33、图 3-3-34、图 3-3-35 所示。

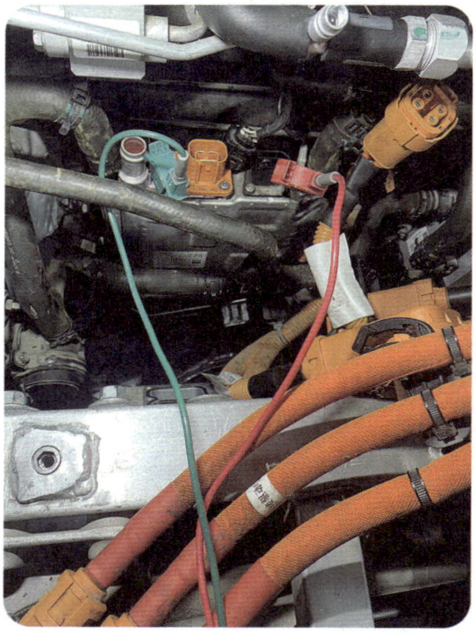

图 3-3-33　测量暖风加热器对地的接地电阻

图 3-3-34　测量车载充电机对地的接地电阻

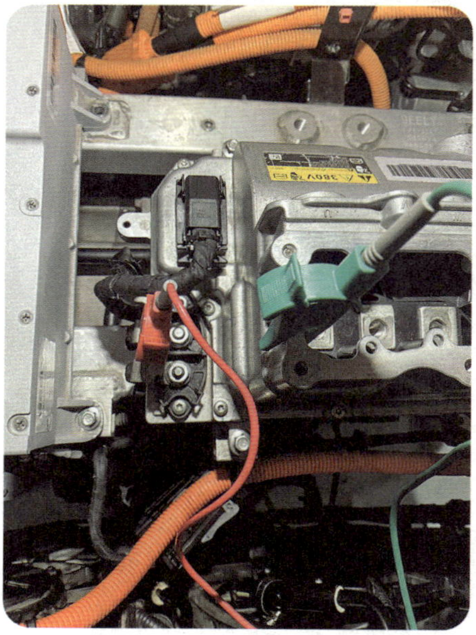

图 3-3-35　测量电机控制器对地的接地电阻

步骤 7:恢复高压部件及插头。

(1)连接驱动电机三相线束连接器(电机控制器侧)3 个固定螺栓①,紧固驱动电机三相线束端子(电机控制器侧)3 个固定螺栓②,如图 3-3-36b 所示。

注意：螺栓②力矩为 7 N · m。

(2)紧固驱动电机三相线束连接器(电机控制器侧)3 个固定螺栓①,如图 3-3-36b 所示。

注意：螺栓①力矩为 23 N · m。

(3)连接线束预紧分线盒电机控制器高压线线束连接器(电机控制器侧)2 个固定螺栓③,紧固分线盒电机控制器高压线端子(电机控制器侧)2 个固定螺栓④,如图 3-3-36b 所示。

注意：螺栓④力矩为 7 N · m。

(4)紧固分线盒电机控制器高压线线束连接器(电机控制器侧)2 个固定螺栓③,如图 3-3-36b 所示。

注意：螺栓③力矩为 23 N · m。

(5)放置电机控制器上盖,紧固电机控制器上盖 8 个螺栓,如图 3-3-37b 所示。

注意：力矩为 8 N · m,电机控制器端盖合上时采取对角法则拧紧。

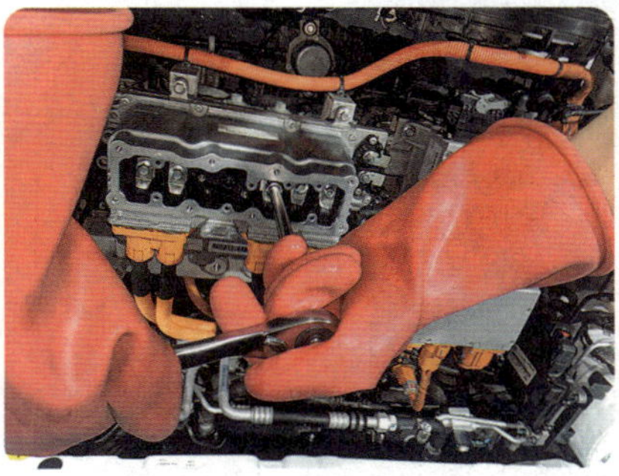

a. 紧固电机控制器高压线束

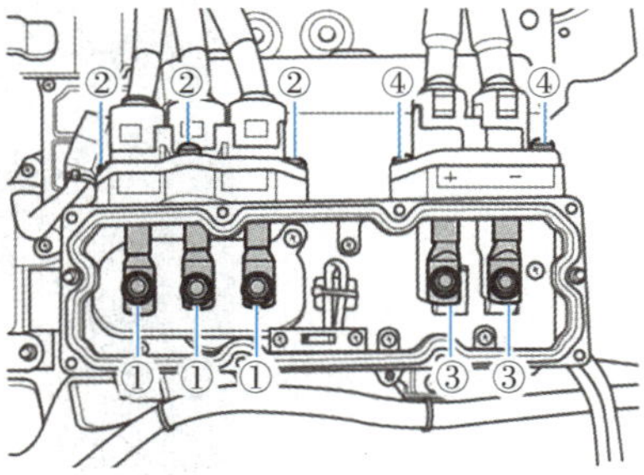

b. 电机控制器螺栓紧固位置

图 3-3-36 紧固电机控制器高压线束

a. 紧固电机控制器螺栓

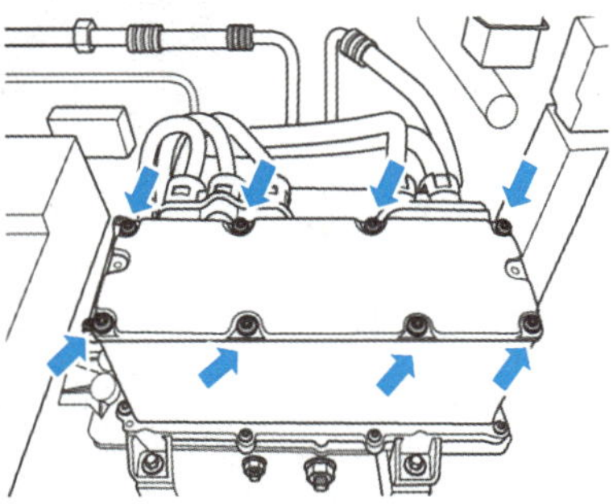

b. 紧固电机控制器上盖螺栓

图 3-3-37 紧固电机控制器盖板

技能实训 2　高压部件更换

高压部件更换

工位准备：

(1)车辆及人员安全防护用品、专用工具套装、工具车、零件车。

(2)安全警示牌、隔离栏、灭火器、抹布、绝缘胶带。

(3)冷却液收集器。

步骤 1：新能源汽车吉利帝豪 EV450 标准断电。

(1)打开前舱盖。

(2)断开蓄电池负极，并用绝缘胶带包扎线束接口。

(3)等待 5 min。

(4)戴好绝缘手套，断开动力电池输出到高压配电盒的高压母线。

(5)戴好绝缘手套，用万用表测量母线正极与负极之间的电压，确保对外输出电压低于 1 V，如图 3-3-38 所示。

注意：验电需要单手作业，并用绝缘胶带包扎高压线束接口。

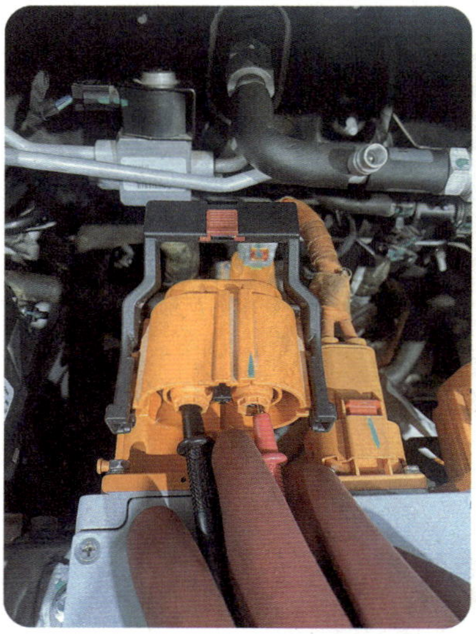

图 3-3-38　测量母线正极与负极之间的电压

步骤 2：冷却液的排放。

(1)打开冷却液壶盖，如图 3-3-39 所示。

(2)断开散热器出水管，用回收容器接收放出的冷却液，如图 3-3-40 所示。

注意：集中回收处理高压电池冷却液，等待报废或再生利用，不要将高压电池冷却液排入下水管道(保护环境)。

图 3-3-39　打开冷却液壶盖

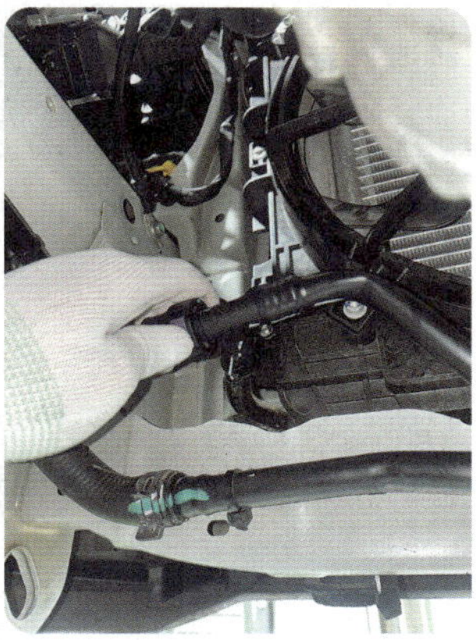

图 3-3-40　排放冷却液

步骤 3:新能源汽车吉利帝豪 EV450 的车载充电机拆除,如图 3-3-41、图 3-3-42 所示。

(1)拆卸高压配电箱(分线盒)连接水管及高压线束。

第一,断开车载充电机与加热器高压线束连接器①。

第二,断开车载充电机与驱动电机控制器高压线束连接器②。

第三,断开车载充电机线束与交流充电插座总成连接器③。

第四,断开车载充电机与驱动电机总成连接水管④。

第五,断开车载充电机与驱动电机控制器连接水管⑤。

第六,断开车载充电机与低压连接器⑥。

注意:断开高压插头,使用绝缘胶带包扎高压线束接口。

(2)拆卸高压配电箱固定螺栓。

①拆卸分线盒电机控制器高压线束连接器的 4 个固定螺栓。

②拆卸车载充电机搭铁线。

③取出车载充电机。

a. 拆卸车载充电机高压插头

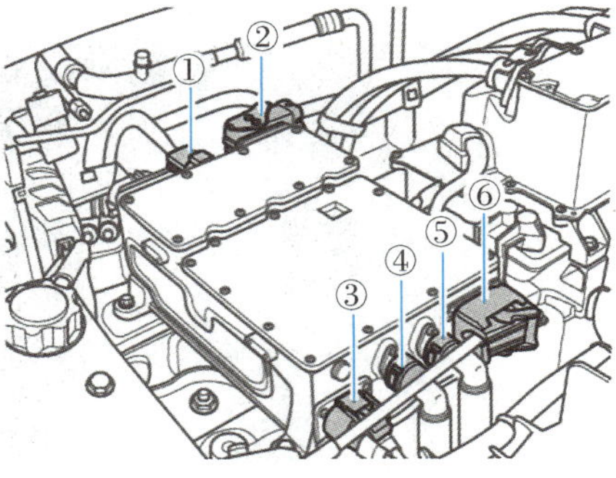

b. 车载充电机插件的分布

图 3-3-41　拆卸车载充电机高压插头

a. 拆卸车载充电机固定螺栓

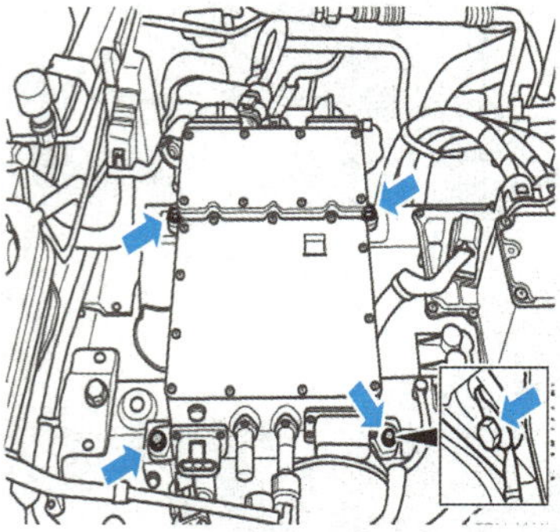

b. 车载充电机紧固螺栓位置

图 3-3-42　拆卸车载充电机固定螺栓

步骤 4:新能源汽车吉利帝豪 EV450 车载充电机的安装,如图 3-3-43、图 3-3-44 所示。

(1)车载充电机固定螺栓安装。

①放置车载充电机,紧固 4 个车载充电机固定螺栓。

注意:力矩为 22 N·m。

②紧固车载充电机搭铁线束。

(2)车载充电机管路及高压线束安装。

第一,安装车载充电机与加热器高压线束连接器①。

第二,安装车载充电机与驱动电机控制器高压线束连接器②。

第三,安装车载充电机线束与交流充电插座总成连接器③。

第四,安装车载充电机与驱动电机总成连接水管④。

第五,安装车载充电机与驱动电机控制器连接水管⑤。

第六,安装车载充电机与低压连接器⑥。

第七,安装分线盒侧直流母线线束连接器。

注意:插接时注意"一插、二响、三确认"。

a. 安装车载充电机

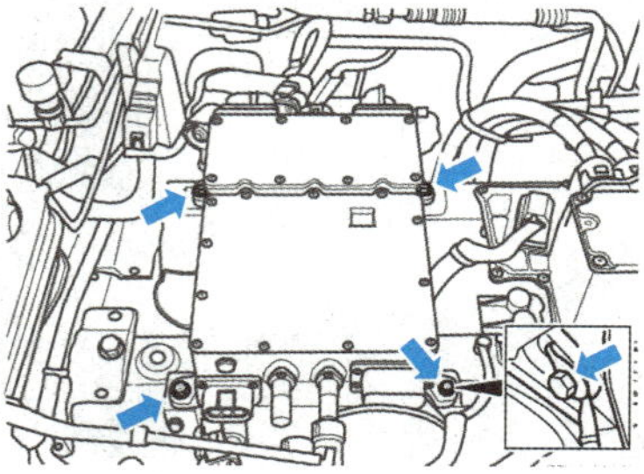

b. 车载充电机安装示意图

图 3-3-43　安装车载充电机

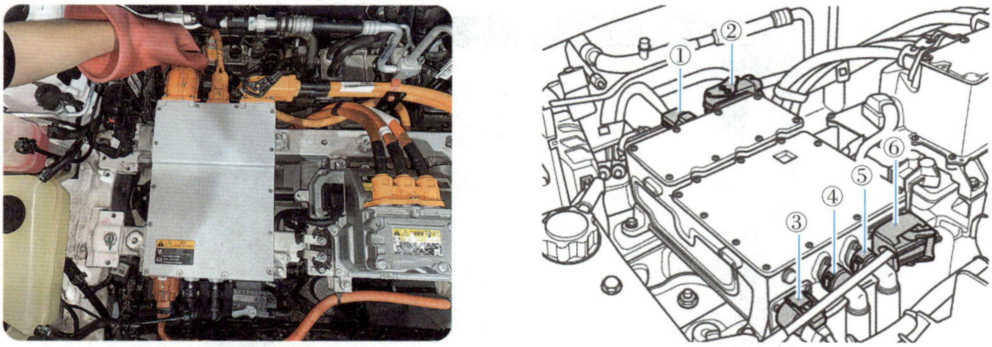

a. 安装车载充电机高压插头　　b. 安装车载充电机的插头示意图

图 3-3-44　安装车载充电机高压插头

步骤 5:加注冷却液。

(1)安装散热器接水管。

(2)管路检查,确保冷却液管路连接完整,如图 3-3-45 所示。

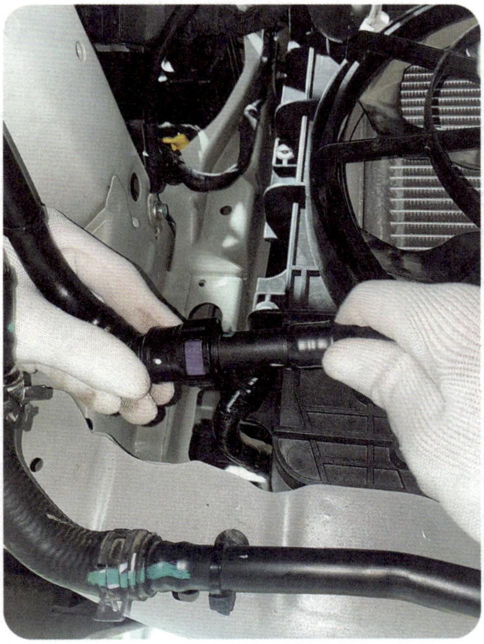

图 3-3-45　安装冷却液排放水管

(3)连接蓄电池负极。

(4)静态加注:将选项启动至“ON”挡且为非充电状态,连接诊断仪,选择 FE-3ZA 车型—手动选择系统—空调控制器(AC)—特殊功能,选择加注初始化,车辆处于加注初始化状态,如图 3-3-46 所示。

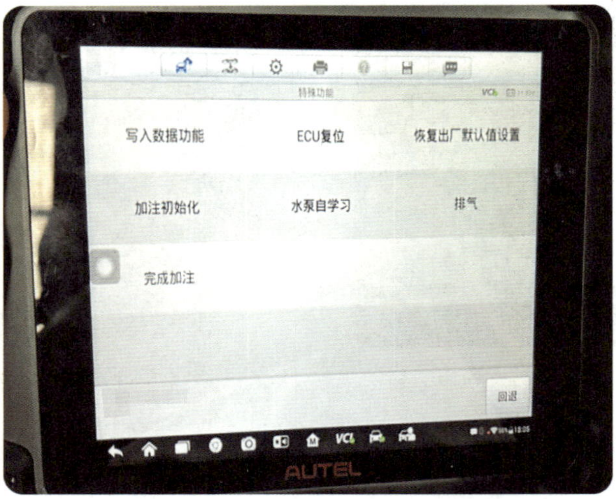

图 3-3-46　诊断仪排气界面

（5）拧开膨胀罐盖，缓慢加注冷却液，直至膨胀罐内冷却液量达到 80%左右，且液位不再下降，如图 3-3-47 所示。

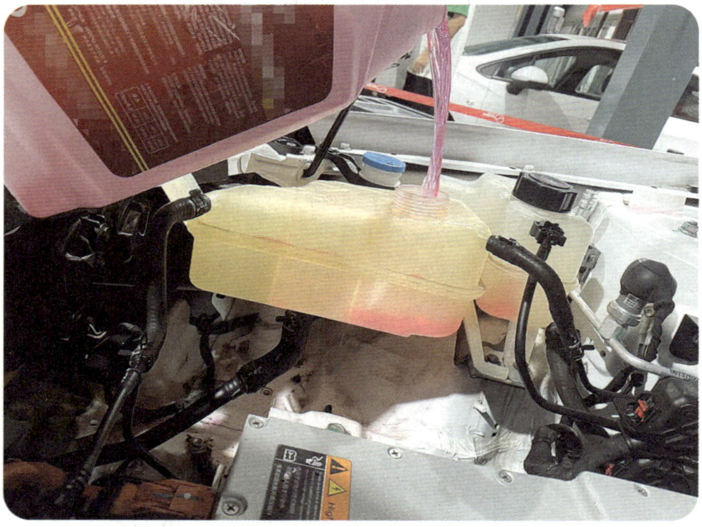

图 3-3-47　加注冷却液

注意：动力电池需选用冰点≤-40 ℃的冷却液。

（6）系统排气：控制诊断仪，使车辆处于排气状态，如果液位下降，及时补充冷却液。排气过程时长不小于 10 min。

（7）观察膨胀罐内冷却液是否下降，要及时补充冷却液，保持冷却液液位处于 Max 和 Min 线之间。

（8）加注完成后，拧紧膨胀罐盖，控制诊断仪，使车辆恢复默认模式。

案例分析

车主驾驶车辆到4S店后，维修技师首先对车辆进行检查，发现冷却液液位过低，车载充电机冷却液进水管有漏液痕迹。渗漏的冷却液腐蚀高压接头，进一步检查时发现对应高压组件损坏，造成车载充电机不能充电，需要更换车载充电机，更换车载充电机后故障排除。

由于防冻液泄漏腐蚀了高压插头的绝缘层，绝缘层被破坏，进而造成车载充电机的高压组件损坏。

维修技师建议车主一定要按要求定期到4S店对汽车进行检查和维护，减少车辆故障，以免造成更大的损失。

超级链接

纯电动汽车DC/DC变换器工作原理解析

与传统燃油汽车不同，纯电动汽车不再搭载内燃机，取而代之的是搭载可充电的动力电池，它为整车提供高压直流电，是维系车辆正常工作运行的能量源。然而由于纯电动汽车上大量的电子元件和控制系统都在使用12 V电源，所以必须有一套装置能够对低压蓄电池进行充电，以保证充足的电量供车辆使用，这种装置就是DC/DC变换器，又称直流电源转换模块。

纯电动汽车通过使用DC/DC变换器能够将动力电池直流高压转换为12 V的直流恒压，供车辆使用。

当纯电动汽车整车“ON”挡上电或充电唤醒上电，动力电池首先开始高压系统预充电流程，被唤醒的整车控制器发送给DC/DC变换器使能信号，接到使能信号后，DC/DC变换器开始启动工作，把动力电池高压直流电进行变压后为低压蓄电池充电，并作为电源为车上大量电子元件和控制系统供电。

新能源汽车DC/DC变换器工作原理如图3-3-48所示，DC/DC变换器通过降压斩波电路将高压直流电变成低压直流电，DC/DC斩波电路工作原理图有四部分：直流→交流、变压器、整流二极管、滤波电路。

(1)直流→交流：将高频电路控制四个功率管导通与截止，将高压直流电转变成高压高频的PWM电源，输出电压正比于功率管的导通时间，取决于占空比。

(2)变压器：将高频高压电源经过高频变压器的降压转变成高频低压电源。

(3)整流二极管:将高频低压电源经过二极管整流变成低压直流电源。

(4)滤波电路:将低压直流电经过滤波电路变成稳定、平滑低压直流电给低压蓄电池和整车用电器供电。

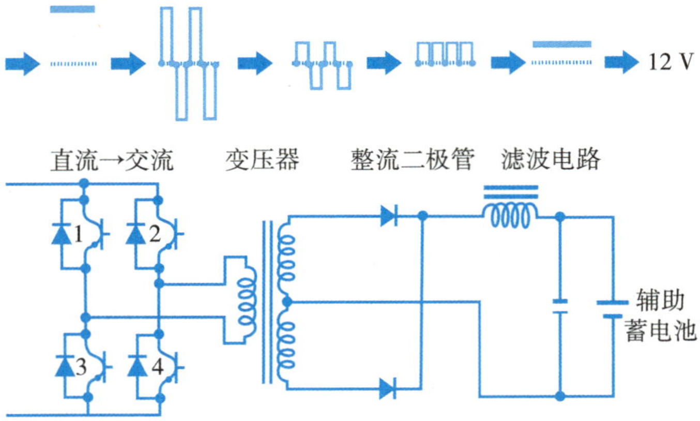

图 3-3-48　DC/DC 变换器工作原理图

任务 4　车辆顶起位置四作业维护

作业案例

王先生的吉利帝豪 EV450 轿车已经行驶 40000 km,查看随车使用手册后,王先生判断保养里程到了,需要到 4S 店进行定期维护。到达 4S 店之后,维修师傅按照相关操作流程对该车进行相应的维护操作,并按操作流程对车辆减速器油进行了更换。王先生向维修师傅提出了疑问,减速器油的作用是什么?为什么要定期进行更换?

知识准备

学习资料 1　新能源汽车减速器的功能

减速器是一种由封闭在刚性壳体内的齿轮传动、蜗杆传动、齿轮-蜗杆传动所组成的独立部件,常用作原动件与工作机之间的减速传动装置。减速器在原动机和工作机或执行机构之间起匹配转速和传递转矩的作用,是一种相对精密的机械,使用它的目的是降低转速,增加转矩。减速器的种类繁多,型号各异,不同种类有不同的用途。按照传动类型可分为齿轮减速器、蜗杆减速器和行星齿轮减速器;按照传动级数不同可分为单级减速器和多级减速器;按照齿轮形状可分为圆柱齿轮减速器、圆锥齿轮减速器和圆锥-圆柱齿轮减速器;按照传动的布置形式又可分为展开式减速器、分流式减速器和同轴式减速器。

新能源汽车电动机的速度-转矩特性非常适合汽车驱动的需求,纯电动模式下,汽车的驱动系统不再需要多挡位的变速器,驱动系统结构得以大幅简化。

减速器介于驱动电机和驱动半轴之间,驱动电机的动力输出轴通过花键直接与减速器输入轴齿轮连接。一方面减速器将驱动电机的动力传给驱动半轴,起到降低转速增大扭矩的作用;另一方面满足汽车转弯及在不平路面上行驶时,左右驱动轮以不同的转速旋转,保证车辆的平稳运行。

学习资料2　减速器油的检查

减速器油与发动机机油不同,随里程增加油量不会减少。如果减速器油减少,多数原因是泄漏。如果减速器油因泄漏而减少,就不能形成油膜,导致齿轮和轴承摩擦增大,造成损坏。如果减速器恶化严重,会导致润滑不良,在高负荷下将导致齿轮损坏,发出噪声。所以减速器油需要定期检查。如果在使用过程中减速器油出现泄漏或变质,则必须添加或更换。

任务实施

技能实训　动力总成系统检查

动力总成系统检查

步骤1:电机冷却液排液管路检查。

检查冷却液排液管口有无泄漏,如图3-4-1所示。

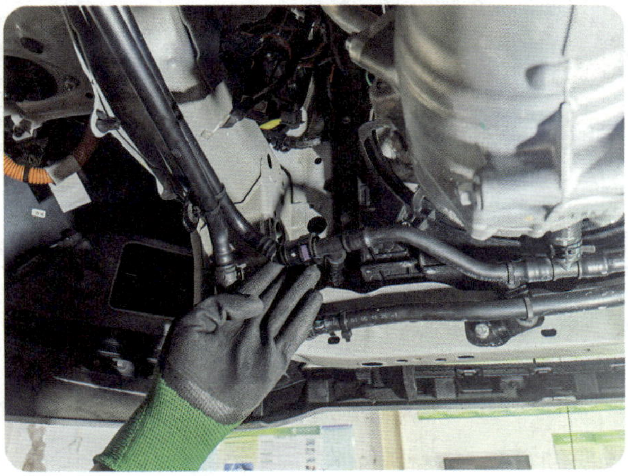

图3-4-1　冷却液排液管路检查

步骤 2:减速器放油螺栓检查。

检查减速器放油螺栓、各连接处有无泄漏,如图 3-4-2 所示。

图 3-4-2　减速器放油螺栓检查

步骤 3:减速器油检查。

(1)使用套筒、棘轮扳手组合工具拆卸减速器加油螺栓并取下,检查减速器油位是否正常。正常情况下油位应与注油孔下缘齐行,如图 3-4-3 所示。

图 3-4-3　减速器加油螺栓拆卸

注意:因车辆举升,可能会有一定的倾斜角度,所以拆卸减速器加油螺栓后,减速器油可能会以滴流方式少量溢出,属于正常现象。

(2)从注油孔里吸出少量油液,置于干净的白纸上,观察油液质量。若油液呈黄色,且分布均匀,则说明油液良好;若油液发黑且有杂质,则说明油液已变质,需要更换,如图 3-4-4 所示。

图 3-4-4 观察油液质量

案例分析

减速器油需要根据保养手册,定期检查和调整油量,王先生的车油量正常,油液也无污染,无须添加或更换减速器油。

超级链接

新能源汽车减速器油更换周期

减速器油需在车辆行驶 30000 km 或者 1 年更换一次。具体更换周期还要参考汽车使用说明书,因为不同的汽车品牌和型号,减速器油的更换周期也不尽相同。此外,减速器油应具有良好的抗磨、耐负荷性能和合适的黏度,还应具有良好的热氧化安定性、抗泡性、水分离性能和防锈性能。更换减速器油的时候,要注意更换正确的油品,因为不同的汽车型号所需要的油品也不尽相同,所以在更换油品的时候,也要根据汽车使用说明书指定的油品来更换,以免影响汽车的使用寿命和性能。

任务5　车辆顶起位置五作业维护

作业案例

王先生有一辆吉利帝豪EV450,近日他发现动力电池故障指示灯常亮,到4S店进行维修,技师在维修完毕后,为了达到交车标准,让你对车辆进行竣工检验,你能完成技师交待的任务吗?

知识准备

学习资料1　车辆竣工检查的意义

车辆竣工检查的主要目的是确保车辆维护的质量。在维修人员对车辆进行维护后,确保完成所有维护工作,并符合出厂技术标准,确保车辆正常使用,无任何安全隐患。

学习资料2　8S管理内容

1. 整理

含义:把要与不要的人、事、物分开,再将不需要的人、事、物加以处理,这是开始改善生产现场的第一步。其要点是对生产现场的现实摆放和停滞的各种物品进行分类,区分什么是现场需要的,什么是现场不需要的。对于现场不需要的物品,诸如用剩的材料、多余的半成品、切下的料头、切屑、垃圾、废品、多余的工具、报废的设备、工人的个人生活用品等,要坚决清理出生产现场,这项工作的重点在于坚决把现场不需要的东西清理掉;对于车间里各个工位或设备的前后、通道左右、厂房上下、工具箱内外,以及车间的各个死角,都要彻底搜寻和清理,达到现场无不用之物。坚决做好这一步,是树立良好作风的开始。

目的:增加作业面积,保证物流畅通等。

2. 整顿

含义:把需要的人、事、物加以定量、定位。通过上一步整理后,对生产现场需要留下的物品进行科学合理的布置和摆放,以便用最快的速度取得所需之物,在最有效的规章、制度和最简捷的流程下完成作业。

目的：使工作场所整洁明了，一目了然，减少取放物品的时间，提高工作效率，保持井井有条的工作秩序区。

3. 清扫

含义：把工作场所打扫干净，设备异常时马上修理，使之恢复正常。脏乱的现场会影响人们的工作情绪，使人不愿久留。因此，必须通过清扫活动来清除那些脏物，创建一个舒畅的工作环境。

目的：使员工保持一个良好的工作情绪，并保证产品的品质，最终达到企业生产零故障和零损耗。

4. 清洁

含义：整理、整顿、清扫之后要认真维护，使现场保持完美和最佳状态。清洁，是对前三项活动的坚持与深入，从而消除发生安全事故的根源。创造一个良好的工作环境，使职工能愉快地工作。

目的：使整理、整顿和清扫工作成为一种惯例和制度，是标准化的基础，也是一个企业形成企业文化的开始。

5. 素养

含义：素养即教养，努力提高人员的素养，养成严格遵守规章制度的习惯和作风，这是 8S 活动的核心。没有人员素质的提高，各项活动就不能顺利开展，开展了也坚持不了。所以，抓 8S 活动，要始终着眼于提高人的素质。

目的：让员工成为一个遵守规章制度，并具有一个良好工作素养习惯的人。

6. 安全

含义：消除隐患，排除险情，预防事故的发生。

目的：保障员工的人身安全，保证生产连续安全正常进行，同时减少因安全事故而带来的经济损失。

7. 节约

含义：就是对时间、空间、能源等方面合理利用，以发挥它们的最大效能，从而创造一个高效率的、物尽其用的工作场所。

目的：以自己就是主人的心态对待企业的资源，能用的东西尽可能利用，切勿随意丢弃，丢弃前要思考其剩余使用价值。节约是对整理工作的补充和指导。

8. 学习

含义：深入学习各项专业技术知识，从实践和书本中获取知识，同时不断地向同事及上级主管学习，学习长处从而达到完善自我、提升自己综合素质之目的。

目的：使企业氛围得到持续改善，培养学习性组织。

任务实施

技能实训 1　车辆竣工检查

车辆竣工检查及车辆复位整理清洁

步骤 1:安装车轮挡块。

重新安装车轮挡块,做好安全防护,如图 3-5-1 所示。

图 3-5-1　安装车轮挡块

步骤 2:检查整车上电状态、仪表状态。

(1)踩下刹车踏板并按下点火开关,确认“READY”指示灯点亮;确认仪表系统故障指示灯点亮后熄灭,如图 3-5-2 所示。

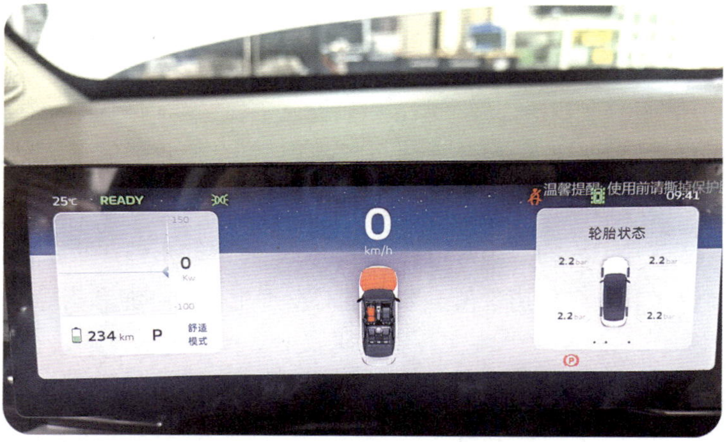

图 3-5-2　检查整车上电状态

(2)连接汽车故障诊断仪,读取各系统故障码,正常情况应无故障码,如图 3-5-3 所示。

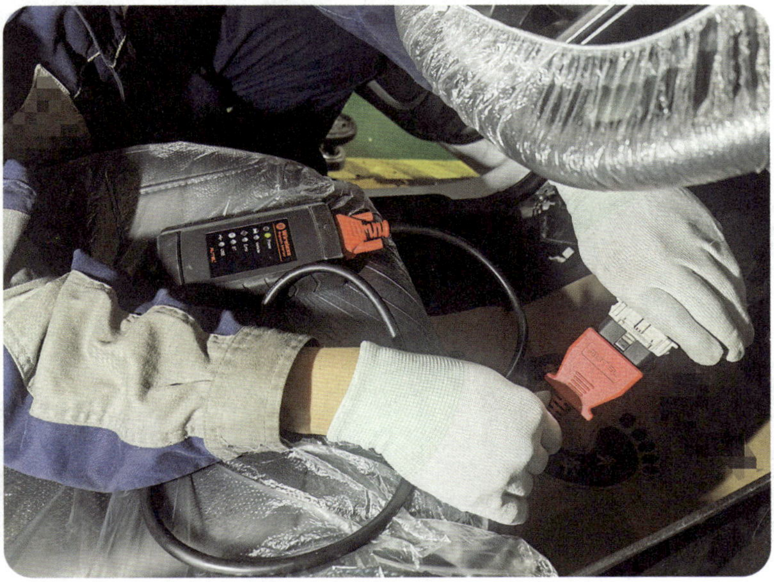

图 3-5-3　连接汽车故障诊断仪

(3)读取动力电池系统数据流,确保动力电池各项数据流正常,如图 3-5-4 所示。

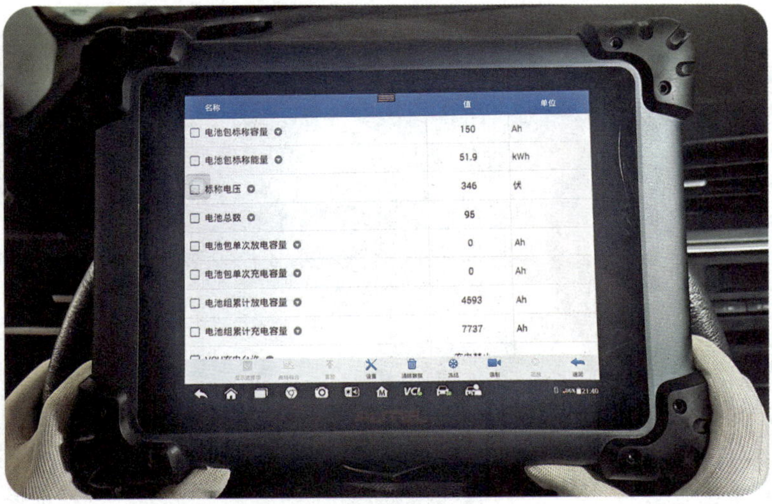

图 3-5-4　读取动力电池系统数据流

技能实训 2　车辆复位整理清洁

步骤 1:拆卸翼子板布和前格栅布。

(1)清理翼子板布和前格栅布上残留的污垢。

(2)折叠好翼子板布和前格栅布,并放置在指定位置,如图 3-5-5 所示。

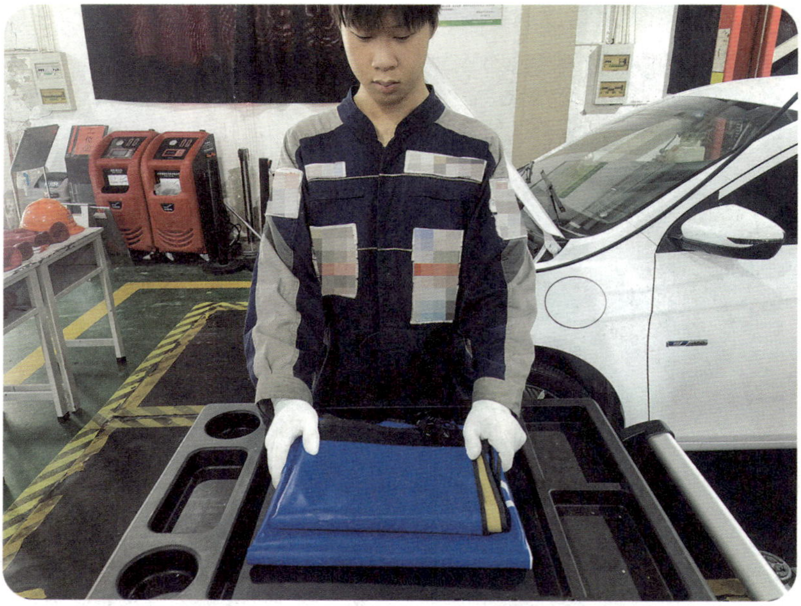

图 3-5-5　整理车外三件套

步骤 2:拆卸座椅套、地板垫、转向盘套。

(1)拆除驾驶室内座椅套、地板垫、转向盘套,如图 3-5-6 所示。

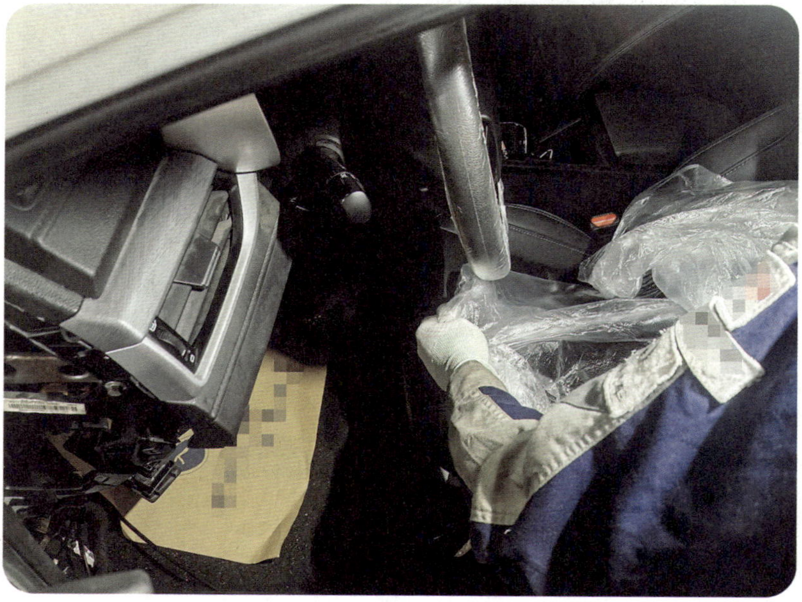

图 3-5-6　整理车内三件套

(2)根据垃圾分类原则,把座椅套等一次性防护用具按要求扔入相应的垃圾箱内。

步骤 3:清洁整理工量具、设备、场地。

(1)清洁整理汽车故障诊断仪,并把汽车故障诊断仪放置在规定位置。

(2)清扫维修场地,如图 3-5-7 所示。

图 3-5-7　清扫场地

案例分析

对竣工车辆进行检验,需要熟悉车辆的基本功能和汽车故障诊断仪的使用,检验完车辆的基本功能和状态后,要对维修工位进行清洁和整理。

超级链接

8S 管理的意义

1. 改善和提高企业形象

整齐、清洁的工作环境更容易吸引顾客,让顾客有信心。同时,由于口碑相传,本企业会成为其他企业的学习对象。

2. 提高工作效率

良好的工作环境和工作气氛,使员工可以集中精神工作,工作积极性高,效率自然会提高。

3. 改善零件在库周转率

整洁的工作环境,有效地保管和布署,彻底进行最低库存量管理,做到必要时能够立即取出有用的物品。工序间物流通畅,能够减少甚至消除寻找时间,改善零件在库周转率。

4. 减少直至消除故障，保障品质

优良的品质来自优良的工作环境。通过经常性的清扫、点检，不断净化工作环境，避免污物损坏机器，维持设备的高效率，提高品质。

5. 保障企业安全生产

储存明确，物归原位，工作场所宽敞明亮，通道畅通，地上不会随意摆放不该放置的物品。如果工作场所有条不紊，意外的事件也会减少，安全当然就会有保障。

6. 降低生产成本

通过实施 8S 管理，可以减少人员、设备、场所、时间等浪费，从而降低生产成本。

7. 改善员工精神面貌

人人都变成有修养的员工，有尊严和成就感，对自己的工作尽心尽力，并带动改善意识（可以实施合理化提案改善活动），增加组织的活力。

8. 缩短作业周期，确保交货期

由于实施了“一目了然”的管理，使异常现象明显化，减少人员、设备、场所、时间的浪费，生产顺畅，提高了作业效率，缩短了作业周期。

附录

附录 1　新能源汽车 PDI 检查

新能源汽车三级 PDI 检查内容表

检查项目	检查内容	出库 PDI 检查	交车 PDI 检查	销售 PDI 检查
基本检查				
1. 外观检查	全车漆面、前后挡风玻璃、左右车窗、前后车灯表面无磕碰、划伤；车顶装饰条粘贴良好无损坏；车门、机盖、灯具安装各部缝隙均匀，过渡无明显阶差	√	√	√
2. 轮胎	轮胎表面无割伤，胎压正常；轮辋及螺栓无划伤、生锈；翼子板内衬齐全	√	√	√
3. 内饰检查	门内侧、门框、转向盘、仪表台、挡位、中央扶手箱、座椅、地毯、车顶内饰安装可靠，无划伤，无脏污，车内无杂物	√	√	√
前机舱内检查				
1. 整体目视检查	前机舱中的部件有无渗漏及损伤	√	√	√
2. 冷却液液位	液位应在 Max ~ Min 之间	√	√	√

续表

检查项目	检查内容	出库 PDI 检查	交车 PDI 检查	销售 PDI 检查
3. 制动液	储液罐及软管有无漏液或损伤,液位应在 Max~Min 之间	√	√	√
4. 玻璃水水位	水位应在 Max~Min 之间	√	√	√
5. 蓄电池	状态、电压,蓄电池接线螺栓是否紧固	√	√	√
6. 线束/配管	不干涉,不松动,各线束接头连接有效锁止;高压线束无死弯,护套无破损;DC/DC 变换器负极与车身搭铁螺丝紧固正常	√	√	√
车辆功能检查				
1. 遥控器及钥匙	遥控器及机械钥匙可以有效锁闭及开启 5 个车门;锁闭后后视镜收起,闪烁灯亮	√		√
2. 车门及后备箱	4 个车门及后备箱开启和关闭正常	√		√
3. 车门窗	4 个车窗的玻璃升降正常	√		√
4. 中控门锁	使用正常	√		√
5. 主驾驶和副驾驶座椅	座椅调节正常,安全带拉伸及锁闭正常	√		√
6. 仪表盘各项指示灯	上电后各项检测指示灯数秒后正常熄灭	√		√
7. 导航仪及收音机	使用正常	√		√
8. 转向盘	上下调节正常,喇叭正常,媒体调节按钮使用正常,转向盘安装正常	√		√
9. 照明和指示灯光	远光灯、近光灯、雾灯、行李箱灯,光束调节系统使用正常;转向灯、警示灯、刹车灯、倒车灯、牌照灯、示廓灯使用正常	√		√

续表

检查项目	检查内容	出库 PDI 检查	交车 PDI 检查	销售 PDI 检查
10. 雨刷	喷水器正常，前后雨刷刷水正常	√		√
11. 空调	制冷和制热正常，风量调节正常，各出风口正常	√		√
12. 后视镜	两侧及车内后视镜是否正常调节	√		√
13. 天窗和车内灯	天窗开关正常，车内灯使用正常	√		√
14. 遮阳板和化妆镜	使用正常	√		√
15. 机舱盖和充电口盖	开启、闭合正常	√		√
16. 倒车雷达/影像	使用正常	√		√
17. 换挡机构及驻车制动器	操作功能正常	√		√
18. 数据采集终端	平台是否可以监控	√		√
19. 充电功能	快、慢充功能正常	√		√
20. 10 km 路试	转向、制动、能量回收功能、驻坡能力(20%坡度)、制动真空泵启动正常；行驶有无跑偏、摆振；直线行驶转向盘是否对正	√		
配备检查				
1. 铭牌及随车资料	铭牌有粘贴；随车资料(导航手册)齐全，资料信息与车辆一致	√	√	√
2. 随车工具	(备胎、工具三件套、千斤顶)随车工具齐全	√	√	√
其他检查				
出租车	计价器及计价器遥控面板、顶灯及顶灯钥匙、空车牌、驾驶员信息栏、禁止吸烟贴、座套(两套)	√	√	√

附录 2　新能源汽车维护竞赛作业工单（参考）